TIEMPO DE SIEMBRA Y COSECHA

Incluye Conferencia del Autor

NEVILLE

Traducción de
Marcela Allen Herrera

WISDOM COLLECTION

PUBLISHING HOUSE

Wisdom Collection LLC
McKinney, Texas - 75070

www.**wisdom**collection.com.

Tiempo de siembra y cosecha – Edición Revisada
ISBN 978-1-63934-065-1

A todos quienes aplican lo que leen en este libro,
Y, al hacerlo, crean un mundo mejor.

CONTENIDOS

CAPÍTULO 1

EL EXTREMO DE UNA CUERDA DORADA

Te doy el extremo de una cuerda dorada;
hazla un ovillo,
te llevará a la puerta del cielo,
construida en el Muro de Jerusalén.
(Blake)

En los siguientes escritos, he tratado de indicar ciertas formas de abordar la comprensión de la Biblia y la realización de tus sueños.

"Para que no sean perezosos, sino imitadores de aquellos que por fe y paciencia heredan las promesas" (Hebreos 6:12)

1

Muchos de quienes disfrutan de los antiguos versículos familiares de las Escrituras se desalientan cuando intentan leer la Biblia de la forma en que leerían cualquier otro libro porque, de manera bastante excusable, no entienden que la Biblia está escrita en lenguaje simbólico. No saben que todos sus personajes son personificaciones de las leyes y funciones de la mente; que la Biblia es psicología más que historia, entonces, ellos desconciertan sus cerebros por un tiempo y luego se dan por vencidos. Es demasiado desconcertante.

Para comprender el significado de sus metáforas, el lector de la Biblia debe estar imaginativamente despierto. De acuerdo con las Escrituras, nosotros nos dormimos con Adán y nos despertamos con Cristo. Es decir, dormimos colectivamente y despertamos individualmente.

"Y el Señor Dios hizo caer un sueño profundo sobre el hombre, y este se durmió".
(Génesis 2:21)

Si Adán, o el ser genérico, está en un sueño profundo, entonces sus experiencias, tal como están registradas en las Escrituras, deben ser un sueño. Solo el que está despierto puede contar su sueño, y solo el que pueda entender el simbolismo de los sueños podría interpretar el sueño.

"Y se decían el uno al otro, ¿No ardía nuestro corazón dentro de nosotros, mientras nos hablaba en el camino, y cuando nos abría las Escrituras?" (Lucas 24:32)

La Biblia es una revelación de las leyes y las funciones de la mente expresadas en el lenguaje de ese reino indefinido al cual vamos cuando dormimos. Ya que el lenguaje simbólico de este reino indefinido es muy similar para todos, los recientes exploradores de este reino —la imaginación humana— lo llaman el "inconsciente colectivo".

Sin embargo, no es el propósito de este libro darte una definición completa de los símbolos bíblicos o exhaustivas interpretaciones de sus historias. Todo lo que espero hacer es indicar el camino por el cual es más probable que tengas éxito en la realización de tus deseos. Lo que sea que desees puede obtenerse solo a través del ejercicio consciente y voluntario de la imaginación, en directa obediencia a las leyes de la mente.

En algún lugar dentro de este reino de la imaginación hay un estado de ánimo, un sentimiento del deseo cumplido, si te apropias de él, significa éxito para ti.

Este reino, este Edén —tu imaginación— es más vasto de lo que crees y su exploración te compensará.

"Yo te doy el extremo de una cuerda dorada; tú debes hacerla un ovillo".

CAPÍTULO 2

LOS CUATRO PODEROSOS

"Y salía del Edén un río para regar el huerto, y de allí se repartía en cuatro cabezas" (Génesis 2:10)

"Y tenía cada uno cuatro caras" (Ezequiel 10:14)

"Veo a cuatro hombres sueltos que se pasean en medio del fuego sin sufrir daño alguno, y el aspecto del cuarto es semejante al de un hijo de los dioses" (Daniel 3:25)

"Cuatro Poderosos están en cada hombre" (Blake).

Los "Cuatro Poderosos" constituyen la individualidad del ser humano, o Dios en el ser humano. Hay "Cuatro Poderosos" en cada persona, pero estos "Cuatro Poderosos" no son cuatro seres separados, no están separados unos de otros como lo están los dedos de tu mano. Los "Cuatro Poderosos" son cuatro aspectos diferentes de tu mente y difieren entre sí en función y carácter, pero no son cuatro seres separados habitando el cuerpo de una persona. Los "Cuatro Poderosos" se pueden equiparar con los cuatro caracteres hebreos: (Yod, He, Vau, He) que forman el misterioso nombre de cuatro letras del poder creativo, y combinando en sí mismo las formas pasada, presente y futura del verbo "ser".

El Tetragrámaton es venerado como el símbolo del Poder Creativo en el individuo —Yo Soy— las cuatro funciones creativas en el individuo que se extienden para realizar las cualidades latentes en sí mismo en los fenómenos materiales reales.

Podemos comprender mejor a los "Cuatro Poderosos" comparándolos con los cuatro personajes más importantes en la producción de una obra de teatro.

"Todo el mundo es un gran teatro, y todos los hombres y mujeres simplemente actores; ellos hacen sus entradas y sus salidas, y un hombre en su tiempo actúa diversos papeles."

("Como Gustes" Acto II, Escena VII)

El productor, el autor, el director y el actor son los cuatro personajes más importantes en la producción de una obra de teatro. En el drama de la vida, la función del productor es sugerir el tema de la obra. Esto lo hace en forma de un deseo, tal como: "Me gustaría ser exitoso"; "Me gustaría hacer un viaje"; "Me gustaría estar casado", etc.

Ahora bien, para aparecer en el escenario del mundo, estos temas generales deben especificarse de alguna manera y elaborarse en detalle. No es suficiente decir: "Me gustaría ser exitoso". Eso es demasiado indefinido. ¿Exitoso en qué? Sin embargo, el primer "Poderoso" solo sugiere un tema. La dramatización del tema se deja a la originalidad del segundo "Poderoso", el autor.

Para dramatizar el tema, el autor solo escribe la última escena de la obra, pero esta escena la escribe en detalle. La escena debe dramatizar el deseo cumplido. El autor construye mentalmente una escena lo más realista posible de lo que experimentaría si cumpliera su deseo. Cuando la escena es claramente visualizada, el trabajo del autor está hecho.

El tercer "Poderoso" en la producción de la obra de la vida, es el director. La tarea del director consiste en vigilar que el actor se mantenga fiel al guion y ensayarlo una y otra vez hasta que se sienta natural en su papel. Esta función puede compararse a una atención controlada y conscientemente dirigida, una atención centrada exclusivamente en la acción que implica que el deseo ya se ha realizado.

"La forma del Cuarto es como el Hijo de Dios", la imaginación humana, el actor. Este cuarto

"Poderoso" realiza dentro de sí mismo, en la imaginación, la acción predeterminada que implica el cumplimiento del deseo. Esta función no visualiza ni observa la acción. Esta función en realidad representa el drama, y lo hace una y otra vez, hasta que adquiere los tonos de la realidad.

Sin la visión dramatizada del deseo cumplido, el tema sigue siendo un simple tema y duerme para siempre en las vastas cámaras de los temas que no han nacido. Tampoco la visión percibida alcanzará la realidad objetiva sin la atención cooperante, obediente a la visión dramatizada del deseo cumplido.

Los "Cuatro Poderosos" son los cuatro cuartos del alma humana. El primero es el Rey de Jehová, quien sugiere el tema; el segundo es el siervo de Jehová, que elabora fielmente el tema en una visión dramatizada; el tercero es el hombre de Jehová, que está atento y obediente a la visión del deseo cumplido, que devuelve la imaginación errante al guion "setenta veces siete". La "Forma del Cuarto" es Jehová mismo, que representa el tema dramatizado en el escenario de la mente.

"Deja que esta manera de pensar esté en ti, que también estaba en Cristo Jesús, el cual, estando en la forma de Dios, no pensó que era robo ser igual a Dios" (Filipenses 2: 5- 6 (KJ21))

El drama de la vida es un esfuerzo conjunto de las cuatro partes del alma humana.

"Todo lo que contemplas, aunque aparece afuera, está dentro, en tu imaginación, de la cual este mundo de mortalidad no es más que una sombra" (Blake).

Todo lo que contemplamos es una construcción visual concebida para expresar un tema, un tema que ha sido dramatizado, ensayado y representado en otro lugar. Lo que presenciamos en el escenario del mundo es una construcción óptica ideada para expresar los temas que han sido dramatizados, ensayados y representados en la imaginación de las personas. Los "Cuatro Poderosos" constituyen la individualidad de la persona, o Dios en el individuo; y todo lo que el individuo contempla, aunque aparezca fuera, no son más que sombras proyectadas sobre la pantalla del espacio, construcciones ópticas ideadas por el Yo para informarle sobre los temas que ha concebido, dramatizado, ensayado y representado dentro de sí mismo.

"La criatura quedó sujeta a la vanidad" para poder hacerse consciente de su Yo y de las funciones que desempeña, ya que con la conciencia de su Yo y las funciones que desempeña, puede actuar con un propósito; puede tener una historia autodeterminada conscientemente. Sin conciencia, actúa inconscientemente, y clama a un Dios objetivo que lo salve de su propia creación.

"¡Oh Señor! ¿Hasta cuándo he de pedirte ayuda sin que tú me escuches? ¿Hasta cuándo he de quejarme de la violencia sin que tú nos salves?" (Habacuc 1: 2)

Cuando el individuo descubra que la vida es una obra que él mismo está escribiendo consciente o inconscientemente, dejará de torturarse a sí mismo emitiendo juicios sobre los demás. En lugar de eso, reescribirá la obra para que se ajuste a su ideal, porque se dará cuenta de que todos los cambios en la obra deben provenir de la cooperación de los "Cuatro Poderosos" dentro de sí mismo. Solo ellos pueden alterar el guion y producir el cambio. Todos los hombres y mujeres de su mundo son simplemente actores y son tan incapaces de cambiar su obra, como los actores son incapaces de cambiar la imagen de la pantalla.

El cambio deseado debe ser concebido, dramatizado, ensayado y representado en el teatro de su mente. Cuando la cuarta función, la imaginación, ha completado su tarea de ensayar la versión revisada de la obra hasta que resulte natural, entonces se levantará el telón sobre este mundo tan aparentemente sólido y los "Cuatro Poderosos" proyectarán una sombra de la obra real sobre la pantalla del espacio. Hombres y mujeres interpretarán automáticamente sus papeles para que se cumpla el tema dramatizado. Los actores, por razón de sus diversos papeles en el drama del mundo, se vuelven relevantes para el tema dramatizado del individuo y, por ser relevantes, son atraídos a su drama. Interpretarán sus papeles, creyendo fielmente todo el tiempo que fueron ellos mismos quienes iniciaron los papeles que interpretan. Esto lo hacen porque:

> "Tú, Padre, estás en mí, y yo en ti... Yo en ellos, y tú en mí" (Juan 17:21, 23)

Yo estoy implicado en la humanidad. Somos uno. Todos desempeñamos los cuatro papeles de productor, autor, director y actor en el drama de la vida. Algunos lo hacemos conscientemente, otros inconscientemente. Es necesario que lo hagamos conscientemente. Solamente así podremos estar seguros de un final perfecto para nuestra obra. Entonces comprenderemos por qué debemos hacernos conscientes de las cuatro funciones del único Dios dentro nuestro, para que podamos tener la compañía de Dios como sus Hijos.

> "El ser humano no debería quedarse
> como un ser humano.
> Su objetivo debería ser más alto.
> Porque Dios solo a dioses
> Acepta como compañía".
> (Ángelus Silesius)

En enero de 1946, llevé a mi esposa y a mi pequeña hija de vacaciones a Barbados, en las Antillas Británicas. Como no sabía que hubiera dificultades para conseguir un pasaje de vuelta, no había reservado el nuestro antes de salir de Nueva York. A nuestra llegada a Barbados descubrí que solo había dos barcos que hacían escala en las islas, uno desde Boston y otro desde Nueva York. Me dijeron que no había disponibilidad en ninguno de los barcos antes de septiembre. Puesto que tenía compromisos en Nueva York para la primera semana de mayo, me inscribí en la larga lista de espera para el barco de abril.

Unos días más tarde, el barco de Nueva York estaba anclado en el puerto. Lo observé con mucho cuidado y decidí que ese era el barco que debíamos tomar. Regresé a mi hotel y determiné una acción interna que sería mía si realmente navegáramos en ese barco. Me acomodé en un sillón de mi habitación, para perderme en esta acción imaginativa.

En Barbados, cuando embarcamos en un gran barco de vapor, tomamos una lancha a motor o una barca de remos para adentrarnos en el puerto. Sabía que debía captar el sentimiento de estar navegando en ese barco. Elegí la acción interna de bajar del pequeño bote y subir por la pasarela del vapor. La primera vez que lo intenté, mi atención se desvió al llegar a lo alto de la pasarela. Regresé abajo, y lo intenté una y otra vez. No recuerdo cuántas veces realicé esta acción en mi imaginación hasta que llegué a la cubierta y volví la vista al puerto con el sentimiento de la dulce tristeza de partir. Me sentía feliz de regresar a mi hogar en Nueva York, pero nostálgico al despedirme de la encantadora isla y de nuestra familia y amigos. Recuerdo que en uno de mis muchos intentos de subir por la pasarela con la sensación de estar navegando, me quedé dormido. Después de despertarme, me dediqué a las actividades sociales habituales del día y de la noche.

A la mañana siguiente, recibí una llamada de la compañía de barcos pidiéndome que fuera a su oficina a recoger los pasajes para el viaje de abril. Tenía curiosidad por saber por qué Barbados había sido elegida para recibir la cancelación y por qué yo, al final de la larga lista de espera, iba a tener la reserva. Sin embargo, todo lo que la agente pudo decirme fue que esa mañana se había recibido un telegrama de Nueva York ofreciendo pasaje para tres. Yo no fui el primero al que llamó la agente, pero, por razones que no podía explicar, aquellos a los que había llamado dijeron que ahora les parecía inconveniente embarcarse en abril. Embarcamos el 20 de abril y llegamos a Nueva York la mañana del Primero de Mayo.

En la producción de mi obra —la salida en un barco que me llevaría a Nueva York el Primero de Mayo— interpreté los cuatro personajes más importantes de mi drama. Como productor, decidí navegar en un barco específico en un tiempo determinado. Interpretando el papel del autor, escribí el guion — visualicé la acción interior que se ajustaba a la acción exterior que yo llevaría a cabo si mi deseo se hiciera realidad. Como director, ensayé yo mismo, el actor, en esa acción imaginaria de subir la pasarela hasta que esa acción se sintió completamente natural. Una vez hecho esto, los acontecimientos y las personas en el mundo exterior se movieron rápidamente para adaptarse a la obra que yo había construido y representado en mi imaginación.

"Vi el flujo de la visión mística
Y vive en hombres y bosques y arroyos.
Hasta que ya no pude conocer
La corriente de la vida de mis propios sueños".
—George William Russell (AE)

Relaté esta historia a una audiencia mía en San Francisco, y una señora del público me contó cómo ella había utilizado inconscientemente la misma técnica, cuando era una jovencita. El hecho ocurrió en Nochebuena. Ella se sentía muy triste, cansada y con lástima de sí misma. Su padre, a quien adoraba, había muerto repentinamente. No solo sentía la pérdida en esta época de Navidad, sino que, además, la necesidad la había obligado a renunciar a los años de universidad que había planeado y ponerse a trabajar. Esta lluviosa Nochebuena, se dirigía a casa en un tranvía de San Diego. El vagón estaba lleno de alegres conversaciones de jóvenes felices que iban a sus casas para las fiestas. Para ocultar sus lágrimas de quienes la rodeaban, se puso de pie en la parte descubierta delante del vagón y volvió la cara hacia el cielo para mezclar sus lágrimas con la lluvia. Con los ojos cerrados y sosteniendo firmemente la barandilla del vagón, esto es lo que se dijo a sí misma:

—"Esta no es la sal de las lágrimas lo que saboreo, sino la sal del mar en el viento. Esto no es San Diego, es el Pacífico Sur y estoy navegando hacia la bahía de Samoa".

Y mirando hacia arriba, construyó en su imaginación lo que ella imaginaba que era la Cruz del Sur. Se perdió en esta contemplación de tal manera que todo se desvaneció a su alrededor. De pronto, estaba al final de la línea, y en casa.

Dos semanas más tarde, recibió un mensaje de un abogado de Chicago diciendo que tenía tres mil dólares en bonos americanos para ella. Varios años antes, una tía suya se había ido a Europa, dejando instrucciones de que si no regresaba a Estados Unidos estos bonos fueran entregados a su sobrina. El abogado acababa de recibir la noticia de la muerte de la tía y ahora estaba llevando a cabo sus instrucciones.

Un mes más tarde, la muchacha se embarcó rumbo a las islas del Pacífico Sur. Era de noche cuando entró en la bahía de Samoa. Mirando hacia abajo, pudo ver la espuma blanca como un "hueso en la boca de la dama" mientras el barco surcaba las olas y traía la sal del mar en el viento. Un oficial de guardia le dijo: "Ahí está la Cruz del Sur", y al mirar hacia arriba, vio la Cruz del Sur tal y como se la había imaginado.

En los años posteriores, tuvo muchas oportunidades de utilizar su imaginación de forma constructiva, pero como lo había hecho inconscientemente, no se dio cuenta de que había una Ley detrás de todo ello. Ahora que lo comprende, ella también está interpretando conscientemente sus cuatro papeles principales en el drama diario de su vida, produciendo obras para el bien de los demás y de sí misma.

"Cuando los soldados hubieron crucificado a Jesús, tomaron sus vestiduras e hicieron cuatro partes, una para cada soldado. Tomaron también su túnica, la cual era sin costura, de un solo tejido de arriba abajo" (Juan 19:23).

EL DON DE LA FE

"Y el Señor miró con agrado a Abel y a su ofrenda; pero a Caín y su ofrenda no miró con agrado" (Génesis 4:4-5)

Si examinamos las Escrituras, nos haremos conscientes de un significado mucho más profundo, en la cita anterior, que el que nos daría una lectura literal. El Señor no es otro que tu propia conciencia.

"Así dirás a los hijos de Israel: Yo Soy me ha enviado a ustedes".
(Éxodo 3:14)

"Yo Soy" es la autodefinición del Señor.

Caín y Abel, como nietos del Señor, solo pueden ser personificaciones de dos funciones distintas de tu propia conciencia. El autor está realmente preocupado por mostrar los "Dos estados contrarios del alma humana", y ha utilizado a dos hermanos para mostrar estos estados. Los dos hermanos representan dos perspectivas distintas del mundo que posee cada uno. Una es la limitada percepción de los sentidos y la otra es una visión imaginativa del mundo.

Caín —la primera perspectiva— es una rendición pasiva a las apariencias y una aceptación de la vida sobre la base del mundo externo, una perspectiva que conduce inevitablemente a un anhelo insatisfecho o a una satisfacción con desilusión.

Abel —la segunda perspectiva— es una visión del deseo cumplido, elevando al individuo por encima de la evidencia de los sentidos hacia ese estado de satisfacción donde ya no anhela el deseo.

La ignorancia de la segunda perspectiva es un alma en llamas. El conocimiento de la segunda perspectiva es el ala con la que vuela al Cielo del deseo cumplido.

"Ven, come mi pan y bebe del vino que yo he mezclado. Abandona la necedad y vivirás" (Proverbios 9:5-6)

En la epístola a los hebreos, el escritor nos dice que la ofrenda de Abel era la fe y el autor afirma:

"Sin fe es imposible agradar a Dios". (Hechos 11: 6)

"Ahora bien, la fe es la sustancia de lo que se espera, la convicción de lo que no se ve. Por la fe

entendemos que los mundos fueron enmarcados por la palabra de Dios, de modo que lo que se ve no fue hecho de cosas visibles".
(Hebreos 11: 1, 3)

Caín ofrece la evidencia de los sentidos que la conciencia, el Señor, rechaza, porque la aceptación de este regalo como molde del futuro significaría la fijación y la perpetuación del presente estado para siempre. El enfermo estaría enfermo, el pobre sería pobre, el ladrón sería un ladrón, el asesino un asesino, y así sucesivamente, sin esperanza de redención.

El Señor, o la conciencia, no considera ese uso pasivo de la imaginación, que es el regalo de Caín. Él se deleita con el regalo de Abel, el ejercicio activo, voluntario y amoroso de la imaginación a beneficio del individuo, para sí mismo y para los demás.

"Diga el hombre débil: Yo Soy fuerte"
(Joel 3:10).

Deja que el individuo ignore las apariencias y se declare a sí mismo como la persona que quiere ser. Déjalo imaginar belleza donde sus sentidos revelan cenizas, alegría donde testifican duelo, riquezas donde dan testimonio de pobreza. Solamente mediante este uso activo y voluntario de la imaginación, puede ser elevado y el Edén restaurado.

El ideal está siempre esperando ser encarnado, pero a menos que nosotros mismos ofrezcamos el ideal al Señor, nuestra conciencia, asumiendo que ya somos aquello que buscamos encarnar, es incapaz de nacer. El Señor necesita su pan diario de fe para moldear el mundo en armonía con nuestros sueños.

"Por la fe Abel ofreció a Dios un sacrificio más excelente que Caín" (Hebreos 11: 4).

La fe sacrifica el hecho aparente por la verdad no aparente. La fe se aferra a la verdad fundamental de que, a través de una suposición, los estados invisibles se convierten en hechos visibles.

"Porque ¿qué es la fe a menos que sea para creer lo que no se ve?" (San Agustín)

Recientemente, tuve la oportunidad de observar los maravillosos resultados de alguien que tuvo la fe de creer lo que no veía.

Una joven me pidió que conociera a su hermana y a su sobrino de tres años. Era un niño lindo y saludable, con ojos azules claros y una piel excepcionalmente fina y sin manchas. Entonces, ella me contó su historia. Al nacer, el niño era perfecto en todos los aspectos, excepto por una enorme y fea marca de nacimiento que le cubría un lado del rostro. Su médico les indicó que no se podía hacer nada para este tipo de cicatriz. Las visitas a numerosos especialistas no hicieron más que confirmar su afirmación.

Al escuchar el veredicto la tía se propuso demostrar su fe —que una asunción, aunque sea negada por la evidencia de los sentidos, si se persiste en ella, se convertirá en un hecho. Entonces, cada vez que pensaba en el bebé, que era muy a menudo, veía en su imaginación un bebé de ocho meses con un rostro perfecto, sin ningún rastro de cicatriz. Esto no era fácil, pero ella sabía que, en este caso, ese era el regalo de Abel que agradaba a Dios. Ella persistió en su fe: creyó en lo que no se veía. El resultado fue que visitó a su hermana el día en que el niño cumplía ocho meses y lo encontró con una piel perfecta y sin marcas, sin rastro de ninguna marca de nacimiento que haya estado presente. ¡Suerte! ¡Coincidencia! Grita Caín. No. Abel sabe que estos son nombres dados por aquellos que no tienen fe, en las obras de la fe.

"Caminamos por fe, no por vista"
(2 Corintios 5: 7).

Cuando la razón y los hechos de la vida se oponen a la idea que deseas realizar y aceptas la evidencia de tus sentidos y los dictados de la razón como la verdad, has traído al Señor —tu conciencia— el regalo de Caín. Es obvio que tales ofrendas no le agradan. La vida en la tierra es un campo de entrenamiento para la creación de imágenes. Si solo utilizas los moldes que te dictan tus sentidos, no habrá ningún cambio en tu vida. Tú estás aquí para vivir la vida más abundante, así que debes utilizar los moldes invisibles de la imaginación y hacer de los resultados y los logros la prueba crucial de tu poder de creación. Solo cuando asumes el sentimiento del deseo cumplido y continúas en él, estás ofreciendo el regalo que le agrada. "Cuando el regalo de Abel sea mi atuendo, entonces realizaré mi deseo".

El profeta Malaquías se queja de que el hombre ha robado a Dios:

"Pero dicen: ¿En qué te hemos robado? En los diezmos y las ofrendas" (Malaquías 3: 8).

Los hechos basados en la razón y la evidencia de los sentidos, que se oponen a la idea que busca expresión, te roban la creencia en la realidad del estado invisible. Pero "la fe es la evidencia de las cosas que no se ven", y por medio de ella "Llama a las cosas que no son, como si fuesen". (Romanos 4:17). Llama a lo que no se ve, asume que ya se ha cumplido tu deseo.

"Para que haya alimento en mi casa, y pruébenme ahora en esto, dice Jehová de los ejércitos, si no te abro las ventanas del cielo y derramo tanta bendición, que no habrá espacio suficiente para recibirla" (Malaquías 3:10).

Esta es la historia de una pareja que vive en Sacramento, California, que se negó a aceptar la evidencia de sus sentidos, que se negó a ser robada, a pesar de una aparente pérdida La esposa le había regalado a su marido un reloj de pulsera muy valioso. El regalo duplicó su valor por el sentimiento adjunto. Ellos tenían un pequeño ritual con el reloj. Cada noche, cuando él se quitaba el reloj, se lo daba a ella y lo guardaba en una caja especial en la cómoda. Cada mañana, ella tomaba el reloj y se lo entregaba para que se lo pusiera.

Una mañana, el reloj desapareció. Ambos recordaron haber realizado sus partes habituales la noche anterior, por lo tanto, el reloj no se había perdido ni extraviado, sino que había sido robado. En ese momento, decidieron no aceptar el hecho de que realmente había desaparecido. Se dijeron el uno al otro: "Esta es una oportunidad para practicar lo que creemos". Decidieron que, en su imaginación, llevarían a cabo su acostumbrado ritual, como si el reloj estuviera realmente allí. En su imaginación, cada noche el marido se quitaba el reloj y se lo daba a su mujer, mientras que en la imaginación de ella, aceptaba el reloj y lo guardaba cuidadosamente. Cada mañana, ella sacaba el reloj de su caja y se lo daba a su marido, quien, a su vez, se lo ponía. Así lo hicieron fielmente durante dos semanas.

Al cabo de catorce días, un hombre entró en la única joyería de Sacramento, donde fue reconocido el reloj. Mientras ofrecía una joya para su evaluación, el dueño de la tienda notó el reloj de pulsera que llevaba puesto. Con el pretexto de necesitar un examen más detallado de la piedra, entró en una oficina interior y llamó a la policía. Después de que la policía detuviera al hombre, encontraron en su apartamento joyas robadas, valoradas en más de diez mil dólares. Al caminar "por fe, no por vista", esta pareja logró su deseo —el reloj— y también ayudó a muchos otros a recuperar lo que parecía haberse perdido para siempre.

"Si uno avanza confiadamente en la dirección de su sueño y se esfuerza por vivir la vida que ha imaginado, se encontrará con un éxito inesperado en horas comunes" (Thoreau).

CAPÍTULO 4

LA ESCALA DEL SER

"Y tuvo un sueño, y he aquí, había una escalera apoyada en la tierra cuyo extremo superior alcanzaba hasta el cielo; y he aquí los ángeles de Dios subían y bajaban por ella. Y, he aquí, el Señor estaba sobre ella" (Génesis 28:12-13).

En un sueño, en una visión nocturna, cuando el sueño profundo cayó sobre Jacob, se abrió su ojo interior y vio el mundo como una serie de niveles de conciencia ascendentes y descendentes. Fue una revelación de la más profunda comprensión de los misterios del mundo. Jacob vio una escala vertical de valores ascendentes y descendentes, o estados de conciencia. Esto daba sentido a todo lo que había en el mundo exterior, pues sin esa escala de valores la vida no tendría sentido.

En cada momento del tiempo, el individuo se sitúa en la escala eterna del significado. No hay ningún objeto o acontecimiento que haya tenido lugar alguna vez o esté teniendo lugar ahora, que no tenga significado. El significado de un objeto o acontecimiento para el individuo es un índice directo del nivel de su conciencia. Por ejemplo, tienes este libro en la mano. En un nivel de conciencia, es un objeto en el espacio. En un nivel superior, es una serie de letras en papel, organizadas según ciertas reglas. En un nivel aún más elevado, es una expresión de un significado.

Mirando externamente, primero ves el libro, pero, en realidad, el significado viene primero. Ocupa un mayor grado de importancia que la disposición de las letras en el papel o el libro como un objeto en el espacio. El significado determina la disposición de las letras; la disposición de las letras solo expresa el significado. El significado es invisible y está por encima del nivel de la disposición visible de las letras. Si no hubiera un significado que expresar, no se habría escrito ni publicado ningún libro.

"Y, he aquí, el Señor estaba sobre ella".

El Señor y el significado son uno: el Creador, la causa de los fenómenos de la vida.

"En el principio era la Palabra, y la Palabra estaba con Dios, y la Palabra era Dios"
(Juan 1: 1).

En el principio era la intención —el significado—
y la intención estaba con el intencionado, y la
intención era el intencionado. Los objetos y los
acontecimientos en el tiempo y en el espacio ocupan
un nivel de significancia inferior al nivel del
significado que los produjo. Todas las cosas fueron
hechas por el significado, y sin significado no fue
hecho nada de lo que fue hecho.

Es muy importante comprender que todo lo que se
ve puede ser considerado como el efecto, en un nivel
inferior de significación, de un orden superior de
significación que no se ve.

Nuestro modo habitual de proceder consiste en
intentar explicar los niveles superiores de
significación —por qué suceden las cosas— en
términos de los inferiores —qué y cómo suceden las
cosas. Por ejemplo, tomemos un accidente real y
tratemos de explicarlo:

La mayoría de las personas vive en el nivel de lo
que sucedió: el accidente fue un evento en el espacio,
un automóvil chocó con otro y prácticamente lo
destrozó.

Algunos viven en el nivel superior del "cómo"
sucedió el accidente: era una noche lluviosa, los
caminos estaban resbaladizos y el segundo automóvil
patinó contra el primero.

En raras ocasiones, unos pocos alcanzamos el
nivel superior o causal del "por qué" se produce un
accidente de este tipo. Entonces, nos hacemos

conscientes de lo invisible, el estado de conciencia que produjo el acontecimiento visible.

En este caso, el automóvil destrozado era conducido por una viuda que, aunque creía que no podía permitírselo, deseaba enormemente cambiar de entorno. Esta viuda, que había oído que con el uso adecuado de la imaginación podía hacer y ser todo lo que deseara, se imaginaba a sí misma viviendo en la ciudad que deseaba. Al mismo tiempo, estaba viviendo en la conciencia de pérdida, tanto personal como financiera. Por lo tanto, provocó un acontecimiento que aparentemente era otra pérdida, pero la suma de dinero que le pagó la compañía de seguros le permitió realizar el cambio deseado en su vida.

Cuando vemos el "por qué" detrás del aparente accidente, el estado de conciencia que produjo el accidente, llegamos a la conclusión de que no hay accidente. Todo en la vida tiene su significado invisible.

La persona que se entera de un accidente, la que sabe "cómo" ocurrió y la que sabe "por qué" ocurrió, se encuentran en tres niveles diferentes de conciencia con respecto a ese accidente. En la escala ascendente, cada nivel superior nos lleva un paso más adelante hacia la verdad del accidente. Debemos esforzarnos constantemente por elevarnos al nivel superior del significado, el significado que es siempre invisible y está por encima del acontecimiento físico. Pero recuerda, el significado o la causa del fenómeno de la vida solo puede encontrarse dentro de la conciencia del individuo.

Las personas están tan absortas en el lado visible del drama de la vida —el lado de "qué" ha sucedido y "cómo" ha sucedido— que rara vez se elevan al lado invisible del "por qué" ha sucedido. Se niegan a aceptar la advertencia del Profeta de que:

"Lo que se ve fue hecho de lo que no se veía" (Hebreos 11: 3).

Sus descripciones de "qué" ha sucedido y "cómo" ha sucedido son verdaderas en cuanto a su correspondiente nivel de pensamiento, pero cuando se pregunta "por qué" ha sucedido, todas las explicaciones físicas se desmoronan y se ve obligado a buscar el "por qué", o el significado de ello, en el nivel invisible y superior.

El análisis mecánico de los acontecimientos se ocupa solo de las relaciones externas de las cosas. Tal curso nunca alcanzará el nivel que encierra el secreto de por qué suceden los acontecimientos. El individuo debe reconocer que los lados inferiores y visibles fluyen desde el nivel de significado superior e invisible.

Se necesita intuición para elevarnos al nivel del significado, al nivel de por qué suceden las cosas. Sigamos el consejo del antiguo profeta hebreo y "levantemos nuestros ojos a los montes" dentro de nosotros mismos y observemos lo que está sucediendo allí. Veamos qué ideas hemos aceptado como verdaderas, a qué estados hemos dado nuestro consentimiento, qué sueños, qué deseos y, sobre todo, qué intenciones. Desde estas colinas todas las cosas vienen a revelar nuestra estatura —nuestra altura— en la escala vertical del significado. Si levantamos nuestros ojos hacia el "Tú en mí, que trabaja detrás del velo", veremos el significado de los fenómenos de la vida.

Los acontecimientos aparecen en la pantalla del espacio para expresar los diferentes niveles de conciencia de la persona. Un cambio en el nivel de su conciencia provoca automáticamente un cambio de los acontecimientos de su vida. Intentar cambiar las condiciones antes de cambiar el nivel de conciencia del que proceden, es luchar en vano. El individuo redime el mundo a medida que asciende en la escala vertical del significado.

En la analogía del libro, vimos que a medida que la conciencia se elevaba hasta el nivel en que se podía ver el significado expresado en la disposición de sus letras, también se incluía el conocimiento de que las letras estaban dispuestas de acuerdo con ciertas reglas. Cuando se imprimían en papel y se encuadernaban, formaban un libro. Lo que es cierto del libro es cierto de todos los acontecimientos del mundo.

"No harán mal ni dañarán en todo mi santo monte; porque la tierra estará llena del conocimiento del Señor, como las aguas cubren el mar" (Isaías 11: 9).

Nada debe ser desechado; todo debe ser redimido. El ascenso de nuestras vidas por la escala vertical del significado hacia una conciencia cada vez mayor — una conciencia de las cosas de significado superior— es el proceso por el que se lleva a cabo esta redención. Del mismo modo que organizamos las letras en palabras y las palabras en oraciones para expresar un significado, la vida organiza las circunstancias, las condiciones y los acontecimientos para expresar los significados ocultos o las actitudes de las personas. Nada carece de significado.

Sin embargo, al desconocer el nivel superior del significado interior, contemplamos un panorama de acontecimientos en movimiento y parecen no tener significado para la vida. Siempre hay un nivel de significado que determina los acontecimientos y su relación esencial con nuestra vida.

A continuación, una historia que nos permitirá ver lo bueno en las cosas que parecen malas, retener el juicio y actuar correctamente en medio de problemas sin resolver.

Hace apenas unos años, nuestro país se vio conmocionado por una aparente injusticia en nuestro medio. La historia se contó en la radio y la televisión, así como en los periódicos. Tal vez recuerdas el incidente. El cuerpo de un joven soldado estadounidense muerto en Corea fue devuelto a su casa para ser enterrado. Justo antes del servicio, a su mujer le hicieron una pregunta rutinaria: ¿Era su marido caucásico? Cuando ella respondió que era indio, se le denegó el entierro. Esta negativa se ajustaba a las leyes de esa comunidad, pero despertó a toda la nación. Nos indignó que a alguien que había muerto al servicio de su país se le negara el entierro en cualquier lugar de su país. La historia llegó a oídos del presidente de los Estados Unidos, que ofreció un entierro con todos los honores militares en el Cementerio Nacional de Arlington. Después del servicio, la esposa dijo a los periodistas que su esposo siempre había soñado con morir como un héroe y tener un servicio funerario de héroe con todos los honores militares.

Cuando, en Estados Unidos, tuvimos que explicar por qué personas progresistas e inteligentes como nosotros, no solo promulgamos, sino que además apoyamos tales leyes, en nuestra gran tierra de libres y valientes, nos costó encontrar una explicación. Nosotros, como observadores, solo habíamos visto "qué" sucedió y "cómo" sucedió. No logramos ver "por qué" sucedió.

Era necesario rechazar ese entierro para que aquel muchacho pudiera hacer realidad su sueño. Intentamos explicar el drama en términos del nivel inferior de "cómo" sucedió, explicación que no podía satisfacer a quien había preguntado "por qué" sucedió. La verdadera respuesta, vista desde el nivel de significado superior, sería una inversión tan grande de nuestros hábitos comunes de pensamiento que sería rechazada al instante. La verdad es que los estados futuros son causantes de los hechos presentes —el joven indio que soñaba con una muerte de héroe, con todos los honores militares, era como Lady Macbeth transportada "más allá de este presente ignorante", y podía "sentir ahora el futuro en el instante."

"Y por eso él estando muerto aún habla" (Hebreos 11: 4).

CAPÍTULO 5

EL JUEGO DE LA VIDA

"Puedo más fácilmente enseñar a veinte lo que es bueno hacer, que ser uno de los veinte en seguir mis propias enseñanzas" (Shakespeare).

Con esta confesión fuera de mi mente, ahora te enseñaré cómo jugar el juego de la vida. La vida es un juego y, como todos los juegos, tiene sus objetivos y sus reglas.

En los pequeños juegos que inventan las personas, como el críquet, el tenis, el béisbol, el fútbol, etc., las reglas pueden cambiar de vez en cuando. Una vez acordados los cambios es necesario aprender las nuevas reglas y jugar el juego dentro del marco de las reglas aceptadas. Sin embargo, en el juego de la vida, las reglas no pueden cambiarse ni romperse.

El juego de la vida solo se puede jugar dentro del marco de sus reglas universales y eternamente fijas.

El juego de la vida se juega en el campo de juego de la mente.

Al jugar un juego, lo primero que nos preguntamos es: "¿Cuál es su objetivo y propósito?" Y lo segundo: "¿Cuáles son las reglas que rigen el juego?"

En el juego de la vida, nuestro objetivo principal es aumentar la conciencia, una conciencia de cosas de mayor significado; y nuestro segundo objetivo es alcanzar nuestras metas, realizar nuestros deseos.

En cuanto a nuestros deseos, las reglas solo nos indican el camino que debemos seguir para realizarlos, pero los deseos en sí deben ser asunto del individuo. Las reglas que rigen el juego de la vida son sencillas, pero se necesita toda una vida de práctica para utilizarlas sabiamente. He aquí una de las reglas:

"Como piensa en su corazón, así es él". (Proverbios 23: 7).

Normalmente, se cree que el pensamiento es una función totalmente libre y sin trabas, sin reglas que lo limiten. Pero eso no es cierto. El pensamiento se mueve por sus propios procesos en un territorio delimitado, con caminos y patrones definidos. "El pensamiento sigue los caminos trazados en las propias conversaciones internas".

Todos podemos realizar nuestros objetivos mediante el sabio uso de la mente y la palabra. La mayoría de nosotros somos totalmente inconscientes de la actividad mental que se desarrolla en nuestro interior. Sin embargo, para jugar el juego de la vida exitosamente, debemos ser conscientes de cada una de nuestras actividades mentales, porque esta actividad, en forma de conversaciones internas, es la causa de los acontecimientos externos de nuestra vida.

"Toda palabra ociosa que el hombre hable, dará cuenta de ella en el día del juicio. Porque por tus palabras serás justificado, y por tus palabras serás condenado" (Mateo 12:36-37).

La ley de la Palabra no se puede romper.

"No será quebrado hueso suyo" (Juan 19:36).

La ley de la Palabra nunca pasa por alto una palabra interior ni hace la menor concesión a nuestra ignorancia de su poder. Modela la vida a nuestro alrededor de la misma manera que nosotros, por medio de nuestras conversaciones interiores, modelamos la vida dentro de nosotros mismos. Esto se hace para revelarnos nuestra posición en el campo de juego de la vida. En el juego de la vida no hay adversario; solo está el objetivo.

No hace mucho tiempo, conversaba sobre este tema con un exitoso y filantrópico hombre de negocios. Me contó una historia sobre sí mismo que me hizo reflexionar. Me dijo:

"Sabes, Neville, aprendí por primera vez sobre las metas en la vida cuando tenía catorce años, y fue en el campo de juego de la escuela. Yo era bueno en

35

atletismo y había tenido un buen día, pero había una carrera más que correr y tenía una dura competencia en otro chico. Estaba decidido a ganarle. Le gané, es cierto, pero, mientras lo vigilaba, un tercer chico, que no se consideraba competencia en absoluto, ganó la carrera.

"Esa experiencia me enseñó una lección que he utilizado a lo largo de mi vida. Cuando la gente me pregunta acerca de mi éxito, debo decir que creo que se debe a que nunca he hecho que mi objetivo sea 'ganar dinero'. Mi objetivo es el uso sabio y productivo del dinero".

Las conversaciones internas de este hombre son basadas en la premisa de que ya tiene dinero, su constante pregunta interna es: el uso adecuado del mismo. Las conversaciones internas del que lucha por obtener dinero solo demuestran su falta de dinero. En su ignorancia del poder de la palabra está construyendo barreras en el camino hacia el logro de su objetivo; tiene la vista puesta en la competencia más que en el objetivo en sí.

"La culpa, querido Brutus, no está en las estrellas, sino en nosotros mismos, que estamos por debajo".
(Julio César: Acto I, Escena II)

Del mismo modo que "los mundos fueron creados por la Palabra de Dios", también nosotros como "imitadores de Dios como hijos amados" creamos las condiciones y circunstancias de nuestra vida mediante nuestras poderosas palabras humanas internas. Sin práctica, ni el más profundo conocimiento del juego producirá los resultados deseados. "Al que sabe hacer lo correcto —es decir, que conoce las reglas y no lo hace— para él es pecado". En otras palabras, fallará el blanco y no logrará su objetivo.

En la parábola de los talentos, la condena del maestro al siervo que no utilizó su don es clara e inequívoca, y habiendo descubierto una de las reglas del juego de la vida, corremos el riesgo de fracasar si la ignoramos. El talento no utilizado, como la extremidad no ejercitada, se adormece y finalmente se atrofia. Debemos ser "hacedores de la palabra y no solo oidores". Ya que el pensamiento sigue los caminos trazados en las propias conversaciones internas, no solo podemos ver hacia dónde nos dirigimos en el juego de la vida, observando nuestras conversaciones internas, sino que también podemos determinar hacia dónde iremos, controlando y dirigiendo nuestra conversación interna.

¿Qué pensarías, dirías y harías si ya fueras quien quieres ser? Comienza a pensar, decir y hacer eso interiormente. Se te ha dicho que "Hay un Dios en el cielo que revela los secretos" y siempre debes recordar que el cielo está dentro de ti. Y para dejar bien en claro quién es Dios, dónde está y cuáles son sus secretos, Daniel continúa: "Tu sueño y las visiones que has tenido son estos". Revelan los caminos a los cuales estás atado y señalan la dirección a la cual te diriges.

Esto es lo que hizo una mujer para cambiar el camino al cual lamentablemente había estado atada, hacia la dirección en la que ella quería ir. Durante dos años se había mantenido alejada de las tres personas que más quería. Se había peleado con su nuera, quien la echó de su casa. Durante esos dos años, no había visto ni había tenido noticias de su hijo, de su nuera, ni de su nieto, aunque entretanto le había enviado numerosos regalos. Cada vez que pensaba en su familia, que era a diario, mantenía una conversación mental con su nuera, culpándola de la disputa y acusándola de egoísta.

Una noche, al escuchar una conferencia mía —era esta misma conferencia sobre el juego de la vida y cómo jugarlo— de pronto se dio cuenta de que ella era la causa del prolongado silencio, y que ella, y solo ella, debía hacer algo al respecto.

Reconociendo que su objetivo era volver a tener esa afectuosa relación de antes, se propuso la tarea de cambiar por completo su conversación interna. Esa misma noche, en su imaginación, construyó dos cartas tiernas y cariñosas dirigidas a ella, una de su nuera y la otra de su nieto. En su imaginación, las leyó una y otra vez hasta que se durmió con la alegría de haber recibido las cartas. Repitió este acto imaginario cada noche durante ocho noches. En la mañana del noveno día, recibió un sobre que contenía dos cartas, una de su nuera y otra de su nieto. Eran cartas tiernas y cariñosas que la invitaban a visitarlos, casi réplicas de las que había construido mentalmente.

Utilizando su imaginación de forma consciente y cariñosa, había cambiado el camino al cual había estado atada, hacia la dirección que quería ir, hacia una feliz reunión familiar.

Un cambio de actitud es un cambio de posición en el campo de juego de la vida. El juego de la vida no se juega ahí fuera, en lo que se llama tiempo y espacio; los verdaderos movimientos en el juego de la vida tienen lugar dentro, en el campo de juego de la mente.

"Perdiendo tu alma, tu alma
De nuevo para encontrarla;
Rendida hacia esa meta
Tu mente separada"
(Laurence Housman).

CAPÍTULO 6

TIEMPO, TIEMPOS Y LA MITAD

"Y uno de ellos dijo al hombre vestido de lino que estaba sobre las aguas del río, ¿Cuándo será el fin de estas maravillas? Y oí al hombre vestido de lino, que estaba sobre las aguas del río, que levantando su mano derecha y su mano izquierda al cielo, juró por aquel que vive para siempre, que será por un tiempo, tiempos y la mitad" (Daniel 12: 6-7).

En una de las conferencias que di en Los Ángeles sobre el tema del significado oculto tras las historias de la Biblia, alguien me pidió que interpretara la cita anterior del Libro de Daniel.

Después de confesar que no conocía el significado de ese pasaje en particular, una señora del público se dijo a sí misma: "Si la mente se comporta de acuerdo con la asunción con la que comienza, entonces encontraré la verdadera respuesta a esa pregunta y se la diré a Neville". Y esto es lo que ella me dijo:

"Anoche se hizo la pregunta: ¿Cuál es el significado de "tiempo, tiempos y la mitad", como se registra en Daniel 12: 7? Anoche, antes de irme a dormir, me dije: Ahora, hay una simple respuesta a esta pregunta, así que asumiré que yo la sé y, mientras duermo, mi ser superior encontrará la respuesta y la revelará a mi ser inferior en un sueño o en una visión.

"Alrededor de las cinco de la mañana me desperté. Era demasiado temprano para levantarme, así que permanecí en la cama y caí rápidamente en ese estado medio somnoliento, entre despierta y dormida, y mientras estaba en ese estado, me vino a la mente la imagen de una anciana. Estaba sentada en una mecedora y se mecía hacia delante y hacia atrás, hacia delante y hacia atrás. Entonces, una voz que sonaba como tu voz, me dijo: "Hazlo una y otra y otra vez hasta que adquiera los tonos de la realidad".

"Salté de la cama y volví a leer el capítulo duodécimo de Daniel, y esta es la respuesta intuitiva que recibí. Tomando los versículos sexto y séptimo, ya que constituían la pregunta de anoche, sentí que, si las prendas con las que se visten los personajes bíblicos corresponden a su nivel de conciencia, como tú enseñas, entonces, el lino debe representar un nivel de conciencia muy elevado, porque el "hombre vestido de lino estaba parado sobre las aguas del río". Y si, de acuerdo con lo que enseñas, el agua

41

simboliza un alto nivel de verdad psicológica, entonces el individuo que pueda caminar sobre ella, verdaderamente, debe representar un exaltado estado de conciencia. Por lo tanto, sentí que lo que él tenía que decir realmente debía ser muy significativo. Ahora, la pregunta que se le hacía era: "¿Cuándo será el fin de estas maravillas?" Y su respuesta fue: "Un tiempo, tiempos y la mitad".

Recordando mi visión de la anciana meciéndose hacia delante y hacia atrás, y su voz diciéndome "hazlo una y otra vez hasta que adquiera los tonos de la realidad", y recordando que esta visión y su instrucción vinieron a mí en respuesta a mi asunción de que conocía la respuesta, intuitivamente sentí que la pregunta que se le hacía al "hombre vestido de lino" significaba: cuánto tiempo hasta que los maravillosos sueños que estoy soñando se conviertan en realidad. Y su respuesta es: "Hazlo una y otra y otra vez hasta que adquiera los tonos de la realidad". 'Un tiempo' significa realizar la acción imaginaria que implica el cumplimiento del deseo; 'Tiempos' significa repetir la acción imaginaria una y otra vez, y 'la mitad' significa el momento de quedarse dormido mientras se realiza la acción imaginaria, porque tal momento generalmente llega antes de que se complete la acción predeterminada y, por lo tanto, se puede decir que es la mitad o parte de un tiempo".

Obtener tal comprensión interna de las Escrituras por la simple asunción de que ella sabía la respuesta fue una maravillosa experiencia para esta mujer. Sin embargo, para conocer el verdadero significado de "tiempo, tiempos y la mitad", debe aplicar su comprensión en su vida diaria. Nunca debemos perder una oportunidad de poner a prueba esta comprensión, ya sea para nosotros mismos o para los demás.

Hace algunos años, una viuda que vivía en el mismo edificio que nosotros, vino a verme para consultarme sobre su gato. Este gato era su compañero inseparable y muy querido. Sin embargo, tenía ocho años, estaba muy enfermo y dolorido. Llevaba días sin comer y no se movía de debajo de la cama. Dos veterinarios habían visto al gato y le habían dicho a la mujer que no podría recuperarse y que había que sacrificarlo inmediatamente. Yo le sugerí que esa noche, antes de acostarse, creara en su imaginación alguna acción que indicara que el gato volvía a estar sano. Le aconsejé que lo hiciera una y otra vez hasta que adquiriera el tono de la realidad. Ella prometió hacerlo. Sin embargo, ya sea por falta de fe en mi consejo o por falta de fe en su propia capacidad para llevar a cabo la acción imaginaria, le pidió a su sobrina que pasara la noche con ella. Esta petición la hizo con el fin de que, si el gato no se encontraba bien por la mañana, la sobrina pudiera llevarlo al veterinario y ella, la dueña, no tuviera que enfrentarse a la temida tarea.

Esa noche, se acomodó en un sillón y comenzó a imaginar que el gato jugueteaba a su lado, arañaba los muebles y hacía muchas cosas que normalmente ella no habría permitido. Cada vez que se daba cuenta de que su mente se había desviado de su tarea predeterminada de ver un gato normal, sano y juguetón, volvía a centrar su atención en la habitación e iniciaba de nuevo la acción imaginaria. Esto lo hizo una y otra vez hasta que, finalmente, aliviada, se quedó dormida, todavía sentada en su silla.

Alrededor de las cuatro de la mañana, la despertó el gemido de su gato. Estaba junto a su silla. Tras llamar su atención, la condujo a la cocina, donde le pidió comida. Ella le preparó un poco de leche caliente, que bebió rápidamente, y gimió pidiendo más. Ese gato vivió cómodamente durante cinco años más, cuando, sin dolor ni enfermedad, murió naturalmente mientras dormía.

"¿Cuándo será el fin de estas maravillas?... Será por tiempo, tiempos y la mitad".

"En un sueño, en una visión nocturna, cuando un sueño profundo cae sobre los hombres, mientras dormitan en sus lechos, entonces Él abre el oído de los hombres, y sella su instrucción" (Job 33:15-16).

CAPÍTULO 7

SEAN ASTUTOS COMO SERPIENTES

"Sean, pues, astutos como serpientes e inocentes como palomas" (Mateo 10:16).

La capacidad de la serpiente para formar su piel mediante la osificación de una parte de sí misma, y su habilidad para desprenderse de cada piel a medida que le quedaba pequeña, hizo que se considerara a este reptil como un símbolo del poder de crecimiento infinito y la autorreproducción. Por lo tanto, al individuo se le dice que sea "astuto como la serpiente" y aprenda a desprenderse de su piel —su entorno— que es su yo solidificado; él debe aprender a "soltarlo y dejarlo ir"; "despojarse del antiguo ser"; a morir a lo viejo y, sin embargo, saber, al igual que la serpiente, que "no morirá".

El individuo aún no ha aprendido que todo lo que está fuera de su cuerpo físico también es una parte de sí mismo, que su mundo y todas las condiciones de su vida no son más que la proyección de su estado de conciencia. Cuando conozca esta verdad, detendrá la inútil lucha de la autocontienda y, como la serpiente, dejará ir lo viejo y desarrollará un nuevo entorno.

"El hombre es inmortal, por lo tanto, debe morir eternamente. Porque la vida es una idea creativa, solo puede encontrarse a sí misma en formas cambiantes" (Tagore).

En la antigüedad, las serpientes también fueron asociadas con la custodia del tesoro o la riqueza. El mandato de ser "astuto como serpiente" es el consejo al individuo para que despierte el poder de su cuerpo sutil —su imaginación— para que él, como la serpiente, pueda crecer y crecer más, morir sin morir, porque solo de tales muertes y resurrecciones, despojándose de lo viejo y vistiéndose de lo nuevo, vendrá el cumplimiento de sus sueños y el hallazgo de sus tesoros.

"La serpiente era más astuta que cualquiera de los animales del campo que el Señor Dios había hecho" (Génesis 3:1).

Así también, la imaginación, es más sutil que cualquier criatura de los cielos que el Señor Dios había creado. La imaginación es la criatura que:

"Fue sometida a vanidad, no voluntariamente, sino por causa de aquel que la sometió en la esperanza... Porque en esperanza hemos sido salvos; pero la esperanza que se ve, no es esperanza; pues, ¿Por qué esperar lo que uno ve? Pero si esperamos lo que no vemos, con paciencia lo aguardamos" (Romanos 8:20,24,25).

Aunque el ser exterior o "natural", el ser de los sentidos, está entrelazado con su entorno, el ser interior o espiritual, el ser de la imaginación, no está así entrelazado. Si estuviera completamente entrelazado, el mandato de ser "sabios como serpientes" sería en vano. Si estuviéramos completamente entrelazados con nuestro entorno, no podríamos retirar nuestra atención de la evidencia de los sentidos y sentirnos en la situación de nuestro deseo cumplido, con la esperanza de que ese estado invisible se solidificara como nuestro nuevo entorno. Pero:

"Hay un cuerpo natural, y hay también un cuerpo espiritual" (1 Corintios 15:44).

El cuerpo espiritual de la imaginación no está entrelazado con el entorno del individuo. El cuerpo espiritual puede apartarse del ser externo de los sentidos y del entorno, e imaginarse a sí mismo como lo que quiere ser. Y si permanece fiel a la visión, la imaginación construirá para él un nuevo entorno en el cual vivir. Esto es lo que significa la declaración:

"Voy a preparar un lugar para ti. Y si voy y preparo un lugar para ti, vendré otra vez y te tomaré conmigo; para que donde yo estoy, allí también estés tú" (Juan 14: 2- 3).

El lugar que está preparado para ti no necesita ser un lugar en el espacio. Puede ser salud, riqueza, compañía, cualquier cosa que desees en este mundo. Ahora bien, ¿cómo se prepara el lugar? Primero, debes construir una representación lo más realista posible de lo que verías, oirías y harías si estuvieras físicamente presente y te movieras por ese "lugar". Luego, con tu cuerpo físico inmovilizado, debes imaginar que en realidad te encuentras en ese "lugar" y estás viendo, oyendo y haciendo todo lo que verías, oirías y harías si estuvieras allí físicamente.

Debes hacer esto una y otra vez hasta que adquiera los tonos de la realidad. Cuando se sienta natural, el "lugar" ha sido preparado como el nuevo entorno para tu ser exterior o físico. Ahora puedes abrir tus ojos físicos y regresar a tu estado anterior. El "lugar" está preparado, y donde has estado en la imaginación, allí también estarás en el cuerpo.

¿Cómo se manifestará físicamente este estado imaginado? Eso no es asunto tuyo —del ser natural o exterior. El cuerpo espiritual, al regresar del estado imaginado a su anterior estado físico, crea un puente invisible de incidentes para vincular los dos estados.

Si bien la curiosa sensación de que realmente estuviste allí y de que el estado era real desaparece tan pronto como abres los ojos sobre el antiguo entorno familiar, sin embargo, te persigue la sensación de una doble identidad, con el conocimiento de que "hay un cuerpo natural y hay un cuerpo espiritual". Cuando tú, el ser natural, ha tenido esta experiencia, atravesarás automáticamente el puente de acontecimientos que conduce a la realización física de tu lugar invisiblemente preparado.

Este concepto —que el ser humano es dual, y que el ser interior de la imaginación puede habitar en estados futuros y regresar al momento presente con un puente de acontecimientos para vincular ambos— choca violentamente con la visión ampliamente aceptada sobre la personalidad humana y la causa y naturaleza de los fenómenos. Tal concepto exige una revolución en las actuales ideas sobre la personalidad humana, y sobre el espacio, el tiempo y la materia.

El concepto de que el individuo, consciente o inconscientemente, determina las condiciones de la vida al imaginarse a sí mismo en estos estados mentales, lleva a la conclusión de que este mundo supuestamente sólido es una construcción de la mente, un concepto que, en principio, el sentido común rechaza. No obstante, debemos recordar que la mayoría de los conceptos que el sentido común rechazó en un principio, más tarde el mundo se vio obligado a aceptarlos. Estos interminables cambios de opinión que la experiencia ha impuesto al individuo, llevaron al profesor Whitehead a escribir:

"El cielo sabe que lo que parece una tontería mañana puede ser una verdad demostrada". El poder creativo en el individuo duerme y necesita ser despertado.

"Despierta, tú que duermes, y levántate de entre los muertos" (Efesios 5:14).

Despierta del sueño que te dice que el mundo exterior es la causa de las condiciones de tu vida. Levántate del pasado muerto y crea un nuevo entorno.

"¿No saben que ustedes son el templo de Dios, y que el Espíritu de Dios habita en ustedes?" (1 Corintios 3:16).

El Espíritu de Dios en ti es tu imaginación, pero duerme y necesita ser despertado para que pueda elevarte de la barra de los sentidos donde has permanecido atrapado tanto tiempo. Las ilimitadas posibilidades que se abren ante ti cuando te vuelves "astuto como serpiente" son inconmensurables. Seleccionarás las condiciones ideales que deseas experimentar y el entorno ideal en el que quieres vivir. Al experimentar estos estados en la imaginación hasta que adquieran una viveza sensorial, los exteriorizarás con la misma certeza que la serpiente exterioriza su piel. Y luego, cuando te hayan quedado pequeños, te desprenderás de ellos tan fácilmente como "la serpiente arroja su piel esmaltada".

La vida más abundante —el propósito de la Creación— no puede conseguirse mediante la muerte y la resurrección. Dios deseaba la forma, por eso se convirtió en ser humano; y no basta con que reconozcamos su espíritu obrando en la creación, debemos ver su obra en la forma y decir que es buena, aun cuando superemos la forma, por siempre y para siempre.

"Y, yo, si soy levantado de la tierra, atraeré a todos los hombres hacia mí" (Juan 12:32).

Si yo soy elevado de la evidencia de los sentidos al estado de conciencia que deseo manifestar, y permanezco en ese estado hasta que se sienta natural, formaré ese estado a mi alrededor y todos lo verán. Pero, cómo persuadir a las personas de que esto es verdad —que la vida imaginativa es la única vida; que asumir el sentimiento del deseo cumplido es el camino hacia la vida más abundante y no la compensación del escapista— ese es el problema.

Para ver como "ensanchadas cámaras de deleite" lo que significa vivir en los reinos de la imaginación, para apreciar y disfrutar del mundo, uno debe vivir imaginativamente; uno debe soñar y ocupar su sueño, luego crecer y sobrepasar el sueño, por siempre y para siempre.

La persona no imaginativa, que no quiere perder su vida en un nivel para encontrarla en un nivel superior, no es más que la mujer de Lot —una columna de sal autosatisfecha. Por otra parte, los que rechazan la forma, como algo no espiritual, y los que rechazan la encarnación, como algo separado de Dios, ignoran el gran misterio: "Grande es el misterio, Dios se ha manifestado en la carne".

Tu vida expresa una cosa, y solamente una cosa, tu estado de conciencia. Todo depende de eso. A medida que, por medio de la imaginación, asumes un estado de conciencia, ese estado comienza a revestirse de forma, se solidifica a tu alrededor como la piel de la serpiente se osifica a su alrededor. Pero debes ser fiel al estado. No debes ir de estado en estado, sino esperar pacientemente en el único estado invisible hasta que tome forma y se convierta en un hecho objetivo.

Es necesario tener paciencia, pero la paciencia será fácil después de tu primer éxito en despojarte de lo viejo y hacer crecer lo nuevo, porque somos capaces de esperar según hayamos sido recompensados por la comprensión en el pasado. La comprensión es el secreto de la paciencia. Como dice Blake:

¡Qué alegría natural y qué deleite espontáneo hay en ver el mundo, no con los ojos, sino a través de los ojos!

Imagina que estás viendo lo que quieres ver y permanece fiel a tu visión. Tu imaginación creará por sí misma una forma correspondiente en la cual vivir. Todas las cosas están hechas por el poder de la imaginación. Nada comienza excepto en la imaginación humana. "De adentro hacia afuera" es la ley del universo. "Como es adentro, es afuera". El individuo se vuelve hacia fuera en su búsqueda por la verdad, pero lo esencial es mirar hacia dentro.

"La verdad está dentro de nosotros mismos, no surge de las cosas externas, aunque lo creas. Hay un centro más profundo en todos nosotros, donde la verdad permanece en plenitud... Y saber, consiste más bien en abrir una vía por donde pueda escapar el esplendor aprisionado, que en hacer una entrada para una luz que supuestamente está fuera".
(Robert Browning: "Paracelsus").

Creo que te interesará conocer un ejemplo de cómo una joven se despojó de la piel del resentimiento y se puso una piel muy diferente. Los padres de esta mujer se habían separado cuando ella tenía seis años y había vivido con su madre. Rara vez veía a su padre, sin embargo, una vez al año, él le enviaba un cheque por cinco dólares para Navidad. Después de su matrimonio, él aumentó su regalo de Navidad a diez dólares.

Un día, después de una de mis conferencias, ella se quedó pensando en mi declaración de que la desconfianza de una persona hacia otra no es más que una medida de su propia falsedad, y reconoció que había estado albergando resentimiento hacia su padre, durante años. Aquella noche decidió soltar su resentimiento y poner en su lugar una reacción de afecto. En su imaginación, sintió que abrazaba a su padre de una manera afectuosa. Lo hizo una y otra vez, hasta que captó el espíritu de su acto imaginario, y luego se durmió muy contenta.

Al día siguiente pasó por casualidad por el departamento de pieles de una de nuestras grandes tiendas de California. Desde hacía algún tiempo había estado pensando en comprarse una bufanda de piel, pero sentía que no podía permitírselo. Esta vez le llamó la atención una bufanda de garduña, la tomó y se la probó. Después de sentirla y verse a sí misma con ella, se quitó la bufanda de mala gana y se la devolvió al vendedor, diciéndose a sí misma que realmente no podía permitírsela. Cuando salía del departamento, se detuvo y pensó: "Neville dice que podemos tener lo que deseamos si tan solo capturamos el sentimiento de ya tenerlo". En su imaginación, se volvió a poner la bufanda, sintió su realidad, y continuó con sus compras, mientras disfrutaba imaginando que la llevaba puesta.

Esta joven nunca asoció estos dos actos imaginarios. De hecho, casi había olvidado lo que había hecho hasta que, unas semanas más tarde, en el Día de la Madre, sonó inesperadamente el timbre de la puerta. Allí estaba su padre. Mientras lo abrazaba, recordó su primera acción imaginaria. Al abrir el paquete que le había traído —el primer regalo en tantos años— recordó su segunda acción imaginaria, pues la caja contenía una hermosa bufanda de garduña.

"Ustedes son dioses, y todos ustedes son hijos del Altísimo" (Salmos 82: 6).

"Sean ustedes, por lo tanto, astutos como serpientes e inocentes como palomas" (Mateo 10:16).

CAPÍTULO 8

EL AGUA Y LA SANGRE

"El que no nace de nuevo no puede ver el reino de Dios" (Juan 3: 3).

"Pero uno de los soldados le abrió el costado con una lanza, y al instante salió sangre y agua" (Juan 19:34).

"Este es el que vino mediante agua y sangre, Jesucristo; no solo por agua, sino por agua y sangre" (1 Juan 5: 6).

Según el evangelio y la epístola de Juan, no solo debemos "nacer de nuevo", sino que debemos nacer de nuevo de agua y sangre. Estas dos experiencias internas están vinculadas a dos ritos externos: el bautismo y la comunión. Pero los dos ritos externos —el bautismo para simbolizar el nacimiento por agua, y el vino de la comunión para simbolizar la aceptación de la sangre del Salvador— no pueden producir el nacimiento real o la transformación radical que se promete al individuo. El uso externo del agua y el vino no puede provocar el cambio de mentalidad deseado. Por lo tanto, debemos buscar el significado oculto detrás de los símbolos del agua y la sangre.

La Biblia utiliza muchas imágenes para simbolizar la verdad, pero las imágenes utilizadas simbolizan la verdad en diferentes niveles de significado. En el nivel más bajo, la imagen utilizada es la piedra. Por ejemplo:

"... Había una gran piedra sobre la boca del pozo. Cuando todos los rebaños se juntaban allí, entonces rodaban la piedra de la boca del pozo y daban de beber a las ovejas..." (Génesis 29: 2, 3).

"Descendieron a las profundidades como piedra" (Éxodo 15: 5).

Cuando una piedra bloquea el pozo, significa que la gente ha tomado literalmente estas grandes revelaciones simbólicas de la verdad. Cuando alguien hace rodar la piedra, significa que un individuo ha descubierto debajo de la alegoría o parábola su germen de vida psicológica, o significado. Este significado oculto que se esconde tras las palabras literales está simbolizado por el agua. Es esta agua, en forma de verdad psicológica, que luego ofrece a la humanidad.

"El rebaño de mi prado, son los hombres" (Ezequiel 34:31).

La persona de mente literal que rechaza la "copa de agua" —la Verdad psicológica— que se le ofrece, "desciende a las profundidades como una piedra". Permanece en el nivel donde ve todo en pura objetividad, sin ninguna relación subjetiva, él puede mantener literalmente todos los mandamientos — escritos en piedra— sin embargo, los rompe psicológicamente todo el día. Por ejemplo, puede que literalmente no robe la propiedad de otro, sin embargo, ver al otro en la necesidad. Ver a otro en necesidad es robarle su derecho como hijo de Dios. Porque todos somos "hijos del Altísimo".

"Y si hijos, también herederos; herederos de Dios y coherederos con Cristo" (Romanos 8:17).

Saber qué hacer ante una aparente desgracia es tener la "copa de agua", la verdad psicológica, que podría salvar la situación. Pero tal conocimiento no es suficiente. El individuo no solo debe "llenar las vasijas de piedra con agua", es decir, descubrir la verdad psicológica, sino que debe convertirla en vino. Esto lo hace viviendo una vida de acuerdo con la verdad que ha descubierto. Solo mediante ese uso de la verdad puede "Probar el agua hecha vino..." (Juan 2: 9)

El derecho de nacimiento del ser humano es ser Jesús. Ha nacido para "salvar a su pueblo de sus pecados" (Mateo 1: 21). Pero la salvación humana "no es solo por agua, sino por agua y sangre". No basta con saber lo que hay que hacer para salvarse o salvar a otro; hay que hacerlo. Saber lo que hay que hacer es agua; hacerlo es sangre.

"Este es el que vino mediante agua y sangre; no solo con agua, sino con agua y con sangre". (1 Juan 5:6)

Todo este misterio está en el uso consciente y activo de la imaginación para apropiarse de ese estado particular de conciencia que te salvaría a ti o a otro de la limitación actual. Las ceremonias externas no pueden lograr esto.

"Allí se encontrarán con un hombre que lleva un cántaro de agua; síganlo a la casa donde entre. Y dirán al dueño de casa: "El Maestro te dice: ¿Dónde está la habitación en la cual pueda comer la Pascua con mis discípulos?" Entonces, él les mostrará un gran aposento alto, ya dispuesto y preparado" (Lucas 22:10-12).

Cualquier cosa que desees ya está "dispuesta y preparada". Tu imaginación puede ponerte en contacto interiormente con ese estado de conciencia.

Si imaginas que ya eres el que quieres ser, estás siguiendo al "hombre que lleva un cántaro de agua". Si permaneces en ese estado, has entrado en la habitación —la Pascua— y has entregado tu espíritu a las manos de Dios, tu conciencia.

El estado de conciencia de una persona es su demanda en el almacén infinito de Dios y, como en la ley del comercio, una demanda crea un suministro. Para cambiar el suministro, cambias la demanda —tu estado de conciencia.

Debes sentir que ya eres lo que deseas ser. Tu estado de conciencia crea las condiciones de tu vida, en lugar de que las condiciones creen tu estado de conciencia. Conocer esta verdad es tener el "agua de vida".

Pero tu salvador —la solución de tu problema— no puede manifestarse solo con ese conocimiento. Solo puede realizarse cuando se aplica dicho conocimiento. Solo cuando asumes el sentimiento de tu deseo cumplido y continúas en él, tu costado es traspasado; de ahí viene la sangre y el agua. Solo de esta manera se manifiesta Jesús —la solución de tu problema.

"Porque debes saber que en el gobierno de la mente tú eres tu propio señor y maestro, que no se levantará ningún fuego en el círculo o en toda la circunferencia de tu cuerpo y tu espíritu, a menos que lo despiertes tú mismo" (Jakob Böhme).

Dios es tu conciencia. Sus promesas son condicionales. A menos que cambie la demanda —tu estado de conciencia— el suministro, las condiciones actuales de tu vida, permanecerán como están. "A medida que perdonamos", a medida que cambiamos nuestra mente, la ley es automática. Tu estado de conciencia es el resorte de la acción, la fuerza que dirige y que crea el suministro.

"Si esa nación contra la que he hablado se vuelve de su maldad, me arrepentiré del mal que pensaba traer sobre ella. O en otro momento puedo hablar acerca de una nación o un reino, de edificar y plantar, pero si hace mal ante mis ojos, no obedeciendo mi voz, entonces me arrepentiré del bien con que había prometido bendecirlo" (Jeremías 18: 8 -10).

Esta declaración de Jeremías sugiere que existe un compromiso implícito, si el individuo o la nación desean alcanzar el objetivo: un compromiso con ciertas actitudes mentales fijas. El sentimiento del deseo cumplido es una condición necesaria en la búsqueda del objetivo por parte del individuo.

La historia que voy a contarles muestra que el individuo es lo que el observador tiene la capacidad de ver en él; lo que se ve es un índice directo del estado de conciencia del observador. Esta historia también es un desafío para todos nosotros, para que "derramemos nuestra sangre", para que usemos nuestra imaginación noblemente en nombre de otro.

No hay ningún día que no nos brinde la oportunidad de transformar una vida mediante el derramamiento de nuestra sangre.

"Sin el derramamiento de sangre no hay remisión" (Hebreos 9:22).

Una noche, en la ciudad de Nueva York, pude revelar el misterio del "agua y la sangre" a una maestra de escuela. Yo había citado la declaración anterior de Hebreos 9:22, y continué explicando que la comprensión de que no tenemos ninguna esperanza salvo en nosotros mismos es el descubrimiento de que Dios está dentro de nosotros, que este descubrimiento hace que las oscuras cavernas del cráneo se vuelvan luminosas, y sabemos que:

"La lámpara del Señor es el espíritu del hombre" (Proverbios 20:27).

Este reconocimiento es la luz que nos guía con seguridad sobre la tierra.

"Su lámpara resplandecía sobre mi cabeza, y a su luz caminaba yo en la oscuridad" (Job 29:3).

Sin embargo, no debemos considerar a esta luz radiante de la cabeza como Dios, pues el ser humano es la imagen de Dios.

"Dios aparece y Dios es luz
a esas pobres almas que moran en la noche;

Pero muestra una forma humana
a quienes habitan en los reinos del día"
(Blake).

Pero para conocer esto hay que experimentarlo. No hay otra manera, y ninguna experiencia ajena puede sustituir a la nuestra. Le dije a la maestra que su cambio de actitud con respecto a otro produciría un cambio correspondiente en el otro; que tal conocimiento era el verdadero significado del agua mencionada en 1 Juan 5:6, pero que tal conocimiento por sí solo no era suficiente para producir el renacimiento deseado; que tal renacimiento solo podía producirse por "agua y sangre", o la aplicación de esta verdad. El conocimiento de lo que hay que hacer es el agua de vida, sin embargo, hacerlo es la sangre del salvador. En otras palabras, un poco de conocimiento, si se lleva a cabo en la acción, es más beneficioso que mucho conocimiento que no llevamos a cabo en la acción.

Mientras hablaba, en la mente de la profesora no dejaba de aparecer una alumna. Pero pensó que este sería un caso demasiado difícil para poner a prueba la verdad de lo que le estaba diciendo sobre el misterio del renacimiento. Todos sabían, profesores y alumnos por igual, que esta alumna en particular era incorregible.

Los hechos externos de su caso eran estos: Los profesores, incluidos el director y el psiquiatra de la escuela, habían discutido sobre la alumna unos días antes. Habían llegado a la decisión unánime de que, por el bien de la escuela, la chica debía ser expulsada al cumplir los dieciséis años. Era maleducada, grosera, poco ética y utilizaba el lenguaje más vil. Solo faltaba un mes para la expulsión.

Mientras volvía a casa esa noche, la profesora no dejaba de preguntarse si realmente podría cambiar lo que pensaba de la chica y, en caso afirmativo, si la alumna experimentaría un cambio de comportamiento porque ella misma había experimentado un cambio de actitud. La única forma de averiguarlo era intentarlo. Esto sería una gran tarea porque significaba asumir plena responsabilidad por la encarnación de los nuevos valores en la alumna. ¿Se atrevería a asumir un poder tan grande, un poder tan creativo, semejante al de Dios? Esto significaba una completa inversión de la actitud normal del individuo hacia la vida de "le amaré si él me ama primero", a "Él me ama, porque yo lo amé primero". Esto era demasiado parecido a jugar a ser Dios.

"Nosotros lo amamos a él, porque él nos amó primero" (1 Juan 4:19).

Sin embargo, por mucho que intentara argumentar en contra, persistía la sensación de que mi interpretación daba sentido al misterio del renacimiento por "agua y sangre". La profesora decidió aceptar el reto. Y esto es lo que hizo: Trajo el rostro de la niña ante el ojo de su mente y la vio sonreír. Escuchó e imaginó que oía a la niña decir "Buenos días". Esto era algo que la alumna nunca había hecho desde que llegó a esa escuela. La profesora imaginó lo mejor de la chica, y luego escuchó y miró como si oyera y viera todo lo que oiría y vería después de que estas cosas sucedieran. La profesora hizo esto una y otra vez hasta que se convenció de que era verdad, y se quedó dormida.

A la mañana siguiente, la estudiante entró en su clase y sonriendo dijo: "Buenos días". La profesora estaba tan sorprendida que casi no respondió y, según su propia confesión, durante todo el día buscó signos de que la chica volviera a su comportamiento anterior. Sin embargo, la niña continuó en su estado transformado. Al final de la semana, todos notaron el cambio; se convocó una segunda reunión de personal y fue revocada la decisión de expulsión. Como la chica seguía siendo cordial y amable, la profesora tuvo que preguntarse: "¿Dónde estaba la niña mala en primer lugar?"

"Porque misericordia, piedad, paz y amor es Dios, nuestro padre querido.
Y misericordia, piedad, paz y amor es el hombre, su hijo y cuidado".
("La Imagen Divina" —Blake).

En principio, la transformación siempre es posible, porque el ser transformado vive en nosotros, y solo se trata de tomar conciencia de ello. La profesora tuvo que experimentar esa transformación para conocer el misterio de "la sangre y el agua"; no había otra manera, y ninguna experiencia humana podría haber sido un sustituto de la suya.

"Tenemos redención a través de su sangre"
(Efesios 1: 7).

Sin la decisión de cambiar de opinión con respecto a la chica, y el poder imaginativo para llevarla a cabo, la profesora nunca habría podido redimir a la alumna. Nadie puede conocer el poder redentor de la imaginación si no ha "derramado su sangre", y probado el cáliz de la experiencia.

Una vez que lees bien tu propio pecho
ya has terminado con los miedos.
El hombre no obtiene otra luz,
Aunque busque por mil años.
(Matthew Arnold).

CAPÍTULO 9

UNA VISIÓN MÍSTICA

Con muchas parábolas como estas, Jesús les
hablaba la palabra, según podían oírla; y sin
parábola no les hablaba; pero a sus propios
discípulos les explicaba todo en privado.
(Marcos 4:33- 34).

Esta colección de parábolas, que se llama la
Biblia, es una revelación de la verdad expresada en
simbolismo para revelar las leyes y los propósitos de
la mente humana. A medida que nos hacemos
conscientes de los significados más profundos de las
parábolas, por encima de los que habitualmente se les
asignan, las vamos aprehendiendo místicamente.

Por ejemplo, tomemos una visión mística del
consejo dado a los discípulos en Mateo 10:10.
Leemos que cuando los discípulos estaban listos para
enseñar y practicar las grandes leyes mentales que les

habían sido reveladas, se les dijo que no se aprovisionaran de calzado para el viaje. Un discípulo es alguien que disciplina su mente para que pueda funcionar conscientemente y actuar en niveles de conciencia cada vez más elevados. Se eligió el calzado como símbolo de la expiación indirecta o del espíritu de "déjame hacerlo por ti", porque el calzado protege al portador y lo resguarda de las impurezas al tomarlas sobre sí mismo. El objetivo del discípulo es siempre conducirse a sí mismo y a los demás de la esclavitud de la dependencia hacia la libertad de los hijos de Dios. De ahí el consejo de no llevar calzado. No aceptes intermediarios entre tú y Dios. Aléjate de todos los que se ofrezcan a hacer por ti lo que tú deberías hacer, y que podrías hacer mucho mejor por ti mismo.

"La Tierra está atiborrada de Cielo,
y cada arbusto común encendido con Dios,
pero solo el que ve se quita los zapatos"
(Elizabeth Barrett Browning).

"En verdad les digo que en cuanto lo hicieron a uno de estos hermanos míos, aun a los más pequeños, a mí me lo hicieron" (Mateo 25:40).

Cada vez que ejercitas tu imaginación en nombre de otro, ya sea bueno, malo o indiferente, literalmente se lo has hecho a Cristo, porque Cristo es la imaginación humana despierta. Mediante el uso sabio y amoroso de la imaginación, el individuo viste y alimenta a Cristo, y mediante el uso ignorante y temeroso de la imaginación, desnuda y azota a Cristo.

"Que ninguno de ustedes piense mal en su corazón contra su prójimo" (Zacarías 8:17).

Ese es un consejo sensato pero negativo. Es posible que una persona deje de utilizar mal su imaginación por consejo de un amigo; puede servirse negativamente de la experiencia de otros y aprender a no imaginar, pero eso no basta. Tal falta de utilización del poder creativo de la imaginación nunca podría vestir y alimentar a Cristo. La túnica púrpura del hijo de Dios se teje, no al no imaginar el mal, sino al imaginar el bien; por el uso activo, voluntario y amoroso de la imaginación.

"Todo lo que es de buen nombre, si hay alguna virtud, y si hay algo digno de alabanza, piensa en estas cosas" (Filipenses 4: 8).

"El rey Salomón se hizo un carruaje de madera del Líbano. Hizo sus columnas de plata, su respaldo de oro y su asiento de púrpura, su interior tapizado con amor" (Canción de Salomón 3: 9-10).

Lo primero que notamos es que "el rey Salomón se hizo para sí mismo". Eso es lo que todos eventualmente deben hacer: hacerse un carro de madera del Líbano. El escritor de esta alegoría utiliza el término carro para referirse a la Mente, en la que se encuentra el espíritu de la Sabiduría —Salomón— que controla las cuatro funciones de la mente para construir un mundo de amor y verdad.

"José preparó su carro y subió a Gosén para ir al encuentro de su padre Israel" (Génesis 46:29).

"¿Qué tributarios le acompañan a Roma adornando con lazos de cautiverio las ruedas de su carroza?" (Shakespeare. "Julio Cesar"—Acto I).

Si el individuo no se hace un carro de madera del Líbano, entonces su carro será como el de la reina Mab: "Ella es la nodriza de las hadas... su carroza es una cáscara de avellana".

La madera del Líbano era el símbolo místico de la incorruptibilidad. Para un místico, es evidente lo que el rey Salomón se hizo. La plata tipificaba el conocimiento, el oro simbolizaba la sabiduría y el púrpura vestía o cubría la mente incorruptible con el rojo del amor y el azul de la verdad.

"Le pusieron un manto de color púrpura"
(Marcos 15:17)

Sabiduría cuádruple encarnada e incorruptible, vestida de púrpura —amor y verdad— el propósito de la experiencia del ser humano en la tierra.

El amor es la piedra del sabio;
Saca oro del terrón;

Convierte la nada en algo,
Me transforma en Dios.
(Ángelus Silesius).

ANEXO

TIEMPO DE SIEMBRA Y COSECHA

Conferencia Realizada en 1956

TIEMPO DE SIEMBRA Y COSECHA

El tema de esta mañana es "Tiempo de Siembra y Cosecha". Aunque lleva el mismo título que mi último libro, no se encuentra en ese libro, porque ese libro es un intento por interpretar algunos de los pasajes más complejos de la Biblia. En los nueve capítulos te he dado una visión mística, y también un cierto enfoque de cómo tú mismo puedes abordar la interpretación de la Biblia, pues, como sabes, no es un libro de historia. Y así, cuando me hice consciente de significados más profundos en los pasajes que los que normalmente se les asignan, empecé a verlos o a aprehenderlos místicamente. Por eso, te he dado una interpretación mística de muchos de los pasajes más oscuros. Por ejemplo, cuando Salomón se hizo un carro de madera del Líbano, se lo hizo él mismo, nadie se lo hizo. Eso es lo que tú debes hacer, eso es lo que yo debo hacer, eso es lo que todos deben hacer. En ese capítulo, te mostré que la madera no es la madera como tú la conoces. La madera del Líbano es la mente incorruptible. Pero la haces tú mismo, y te mostramos de qué estaban hechos los lados y cuáles eran realmente los significados. También tomamos ese pasaje tan extraño, la instrucción a los discípulos de quitarse el calzado o no llevar calzado cuando viajaban, y te mostramos que la palabra "calzado" no es solo lo que uso en mi pie; es el símbolo del espíritu de "déjame hacerlo por ti". Porque el calzado no solo toma sobre sí mismo la basura y la suciedad que normalmente caería sobre el pie de quien lo lleva, sino que también lo protege de cualquier contacto con el mundo exterior, y así, cualquiera que se ofrezca a hacer por nosotros lo que deberíamos hacer, y que podríamos hacer mucho mejor nosotros mismos, se está ofreciendo como nuestro calzado, pero si yo quiero despertar espiritualmente, debo hacerlo por mí mismo. Debo tomar mi propia mente y controlarla: tomar mi maravillosa imaginación y realmente controlarla, establecerla para propósitos nobles y no tener algún intermediario entre Dios y yo. Porque el Dios de este mundo es un Dios interno. Él es esa fuerza infalible que expresa en hechos externos las tendencias latentes del alma, por lo tanto, si yo quiero descubrir a Dios, no puedo dejar que hagas mi trabajo por mí. No puedo permitir que comas mi alimento espiritual y esperar crecer espiritualmente.

De modo que, ese es realmente el intento de los nueve capítulos del libro "Tiempo de Siembra y Cosecha".

Ahora bien, el tema de esta mañana quiero abordarlo de manera distinta. Esta declaración está tomada del libro del Génesis, el octavo capítulo del Génesis, es una promesa hecha al individuo de que "mientras la tierra permanezca, no cesarán la siembra y la cosecha, el calor y el frío, el verano y el invierno, el día y la noche". Se nos dice que el hombre fue colocado en un jardín —el jardín estaba completo— cada árbol estaba dando fruto, todo en el mundo estaba terminado, y él fue colocado en el jardín para cultivarlo y mantenerlo. Él no lo planta, no hace nada más que cuidarlo y mantenerlo. No se le pide que ponga árboles o que haga crecer nuevos árboles, ¡todo está terminado!

Como se nos dice en Juan: "Les he enviado a cosechar aquello por lo que no han trabajado", porque la creación está terminada. Cada drama humano concebible, cada pequeña trama, cada pequeño plan en el drama de la vida, ya está elaborado, como meras posibilidades mientras no estamos en ellos, pero son abrumadoramente reales cuando estamos en ellos. Así que el individuo puede ponerse en contacto con ese estado particular de su elección; porque mi imaginación puede ponerme en contacto internamente con el estado deseado, entonces, yo estoy en él. Si estoy en él, lo manifestaré en mi mundo. Los estados en los que nos encontramos son el tiempo de siembra. La cosecha es simplemente el encuentro con los acontecimientos y las circunstancias de la vida.

Pero la memoria humana es tan corta que olvida el momento de la siembra, sin embargo, todos los finales son fieles a los orígenes, así que, si el origen es la desdicha, el final será la desdicha. Pero cuando cosechas desdicha, te preguntas "¿Por qué me ha pasado a mí? ¿Cuándo he puesto yo en marcha algo así? ¿No les he dado a los pobres? ¿No he ido a misa? ¿No he rezado a diario? Entonces, ¿por qué han de suceder estas cosas?" Ya ves, mi Dios nunca olvida, porque él siempre da el fin en armonía con el origen, y tú y yo somos selectores: no hacemos; no somos creadores; la creación está terminada, todo el vasto mundo de la creación. Como se nos dice en Eclesiastés: "Yo Soy el principio y el fin. Nada habrá que antes no haya habido". Por lo tanto, considera la creación como terminada, y tú y yo solo somos seleccionadores de lo que es.

Cuando hablo de seleccionadores me refiero a que tú y yo tenemos el privilegio (puede que no lo ejerzamos) pero es nuestro privilegio seleccionar ese aspecto de la realidad al que responderemos, y al responder a él, lo traemos a la existencia para nosotros mismos. Al no saber que somos tan privilegiados, simplemente vamos por el mundo reflejando las circunstancias de la vida, sin darnos cuenta de que tenemos el poder de crear o de remodelar las circunstancias de la vida.

Analicemos ahora lo que personalmente entiendo por tiempo de siembra. Si todo está terminado y completado, entonces, ¿por qué la promesa es que habrá tiempo de siembra y cosecha mientras permanezca la tierra? Ahora, el tiempo de siembra, no lo estamos tomando literalmente, nuestro tiempo de siembra es ese momento en el que tú y yo reaccionamos a cualquier cosa en este mundo. Puede ser ante un objeto, puede ser ante un individuo, puede ser ante alguna noticia que hemos escuchado por casualidad, pero el momento de reacción, esa respuesta emocional, es nuestra actitud. Nuestras actitudes son los tiempos de siembra de la vida, y aunque no recordamos el tiempo de siembra o el momento de la reacción, la naturaleza nunca olvida, y cuando aparece repentinamente en nuestro mundo, eso repentino, es solo el surgimiento de una continuidad oculta. Fue continua desde el momento de la reacción hasta que apareció en el mundo. Su aparición en el mundo es la cosecha, por lo tanto, tú y yo podemos cosechar cualquier cosa que deseemos, pero antes debe haber un momento de siembra. Debe estar precedido por un momento de respuesta o una actitud.

Cuántas veces has dicho: "Me acerqué con una actitud equivocada" o "Él tiene una actitud equivocada" o "Debes cambiar tu actitud si quieres avanzar en esta vida". Yo lo he dicho, tú lo has dicho, quizá nos lo hayamos dicho el uno al otro, entonces, conocemos la importancia de la actitud correcta.

Sabemos que puedo cambiar mi actitud si cambian las circunstancias, eso es automático. Sabemos que si repentinamente sucede algo en mi mundo, de lo cual hasta ese momento no era consciente, yo, haciéndome consciente de un cambio de circunstancias, automáticamente produciría en mí un cambio de actitud. Todos hacemos eso, mañana, tarde y noche, pero eso no es importante, eso es un reflejo de la vida. El noventa y nueve por ciento del mundo refleja la vida.

Ahora, ¿puedo yo consciente, voluntaria y deliberadamente producir en mí mismo un cambio de actitud, uno de mi propia elección, uno que yo mismo seleccione, y no uno que esté determinado por el estímulo de un cambio en el objeto mismo o que de alguna manera depende de él? ¿Debes cambiar tú para que yo cambie mi actitud hacia ti? Sabemos que si tú cambias yo cambiaré mi actitud hacia ti, pero ¿debo ir por la vida simplemente reflejando estos cambios en los objetos?, ¿no puedo determinar deliberadamente el cambio antes del cambio en el objeto?

Si puedo, estoy avanzando hacia el control total de mi destino y convirtiéndome en el amo de mi destino, solo debo conseguir asumir una actitud activa y positiva y no depender de los cambios en el objeto para los cambios en mí mismo. Si puedo hacerlo, realmente soy, aunque no un maestro completo, cada vez más dueño de las circunstancias de la vida. Sin embargo, el noventa y nueve por ciento del mundo espera que las cosas sucedan en el exterior y luego ellos las reflejan; eso no es ningún logro. Si queremos despertar y convertirnos en verdaderos selectores de la belleza de este jardín que Dios nos dio, de modo que podamos seleccionar ese aspecto particular al que responderemos, entonces lo haremos cambiando deliberadamente nuestra actitud hacia la vida misma.

Hay una pequeña fábula que nos muestra cómo se hace. Si estudias la fábula cuidadosamente, verás la importancia de la imaginación. Esta es la fábula del zorro y las uvas. Todos la conocen. Cuando no consiguió las uvas, se convenció a sí mismo de que las uvas estaban agrias, y al imaginar que las uvas estaban agrias, evocó en sí mismo un cambio de actitud. Ya no sentía por las uvas lo que sentía antes. Ahora, esta es una pequeña fábula en un tono negativo o trágico. Tú y yo tomamos la misma historia, pero ahora la ponemos en un tono positivo. Contemplamos nuestro ambicioso sueño, nuestro noble concepto de vida. Puede parecer que no tenemos el talento para realizarlo, en lugar de decir lo que dijo el zorro, que aquello está más allá de nosotros y que, de cualquier modo, está ácido, podemos tomar la misma técnica y preguntarnos cómo sería si lo hubiéramos realizado. Cuál sería el sentimiento si fuéramos (lo nombramos), si puedo contemplar cómo me sentiría si yo fuera la persona que quiero ser, si tú fueras la persona que quieres ser, y regocijarme en ese estado como si fuera verdad, estoy produciendo en mí mismo esa respuesta emocional necesaria para el tiempo de siembra. Puede que yo no vea una cosecha inmediata, tal vez aquello a lo que ahora estoy dando expresión en forma de siembra sea un roble, no un pequeño hongo que crecería de la noche a la mañana. Tal vez mi sueño tomará un intervalo de tiempo un poco más largo entre la siembra real y la cosecha, pero sí sé que todas estas cosas son consistentes.

"¡Vean aquellos campos! El sésamo era sésamo, el maíz era maíz. El silencio y la oscuridad lo sabían. Así nace el destino de un hombre".

Por lo tanto, ese momento de respuesta es la siembra real de la semilla, y si era maíz, debe ser maíz cuando aparezca en tiempo de cosecha. Entonces, puedo seleccionar la naturaleza de las cosas que quiero encontrar en mi mundo. Puedo tomar no solo a Neville, como hombre, puedo tomar la solicitud primero de mi círculo, mi círculo íntimo, como hombre de familia: los deseos de mi esposa por su hijo, por su esposo, por sí misma; el deseo del niño por sí mismo, y moverme más allá de mi pequeño círculo, como hombre de familia, al círculo de amistades; moverme más allá hacia mis conocidos; moverme más allá hacia completos extraños; estados impersonales. Sé que la ley es buena, no importa cuando la aplique, si lo hago inconsciente o conscientemente, de todas formas, obtendré resultados, y los resultados están en armonía con la siembra, con el tiempo de siembra actual.

Ahora, ¿cuál es nuestro tiempo de siembra hoy? Tenemos alrededor de dos mil peticiones diferentes, multiplicadas por un gran número, porque tenemos peticiones para otros, pero puedes aceptarlas hoy, mientras estás sentado aquí y puedes realmente contemplar cómo sería —supongamos que fuera verdad. Supongamos que pudiera dirigirme a un amigo y alegrarme con él por su buena fortuna y mantener una conversación mental con él desde la premisa de que él o ella ya ha realizado su sueño. Ahora, mientras lo hago en mi imaginación, estoy estableciendo dentro de mí un cierto cambio de actitud con respecto a ese individuo, estoy produciendo dentro de mí una cierta respuesta positiva, deliberada, emocional, y ese mismo momento en que lo hago, es el momento de la siembra. Me encontraré con ese individuo mañana o la próxima semana o el próximo mes, y él dará testimonio de lo que siembro ahora. Puede que no sepa que yo he sembrado en este jardín. No busco su alabanza, no busco crédito, busco resultados. Si veo que él se convierte en la encarnación del éxito que sé que él desea y que yo deseo para él, eso es alabanza suficiente, eso es pago suficiente.

Qué otro pago podría desear alguien aparte de los resultados, porque todo es un regalo. ¿Por qué debería recibir más? Mi Padre me dio el jardín, que está en plena floración, y me dio la posibilidad de elegir, ese es el mayor regalo de todos, la libertad total de elegir la naturaleza de los frutos que cosecharé en mi mundo. Sin embargo, no puedo irrumpir en el jardín y empezar a recoger frutos, debe haber un tiempo de siembra, pero siempre debo tener en cuenta que cosecharé aquello en lo que no he trabajado. No trabajo para que así sea, simplemente lo siembro, porque en ese momento de respuesta están contenidos todos los planes, toda la energía necesaria para desplegar ese plan en un hecho objetivo perfecto y maravilloso que luego cosecharé al tomar conciencia de ello como una realidad externa, pero no trabajo para que así sea; simplemente debo saber que es así.

Ese es nuestro privilegio, esa es nuestra opción. Si lo crees, ¿no te sorprende el tipo de cosas que has sembrado, el tipo semilla que, en nuestra ignorancia, en nuestro sueño, permitimos que se esparcieran en nuestro mundo?

Algunos dirán: "Pero, ¿por qué Dios lo permite?" No puedes concebir un Dios infinito que no sea infinito en todos los aspectos. Si yo fuera incapaz, realmente incapaz de asumir un estado desagradable, no podría ser el hijo de mi Padre, porque mi Padre es infinito, y si él fuera realmente incapaz de asumir cualquier estado, entonces no sería Dios. Todo está dentro de mí, todo. No puedes concebir algo que yo no contenga, lo más horrible del mundo, si no fuera así, no podría ser infinito, por lo tanto, no sería el hijo de mi Padre infinito. Entonces, Dios es infinito y nos dio todo, pero nos dio libertad de elección para que seamos selectivos, discriminativos y saquemos de ese jardín todo lo que es bello.

Si yo tomara el piano, las ochenta y ocho notas del piano, y pudiera extraer de ese teclado del piano cada disonancia, no tendría un teclado de piano. Si pudiera tocar una disonancia y porque me inquieta, me perturba o me irrita, extraigo las notas que producen disonancia. Si continúo extrayendo todas las notas que producen disonancia, eliminaría las ochenta y ocho notas; no quedarían notas en las que pudiera tocar la armonía de mañana. Pero permíteme dejar las notas y aprender el arte de tocar el piano para poder sacar de las mismas ochenta y ocho notas todas las armonías del mundo.

Lo mismo ocurre con respecto a las personas. No debemos mirar a alguien y aceptar como final la evidencia de los sentidos. Si hay alguien que trajo a su mundo enfermedad, intentará analizarla desde afuera, ¿cuándo contraje el bicho? ¿Cuándo estuve en contacto cercano con alguien que tenía el bicho? Y llevan mi sangre al laboratorio y tratan de encontrarlo allí. Nunca lo encontrarán allí, a pesar de toda la sabiduría del mundo. Solo lo encontrarán en la conciencia del individuo, quien, en un momento ya olvidado, sembró lo que ahora está cosechando. No lo encontrarán en ningún análisis externo porque las cosas vistas nunca fueron hechas de las cosas visibles.

Se te advierte una y otra vez, en todos los libros de la Biblia, pero especialmente en el capítulo 11 del libro de Hebreos, que "lo que se ve no fue hecho de cosas visibles", pero nadie lo cree. Insisten en encontrarlo en las cosas visibles, así que extraen mi sangre, extraen una pequeña muestra de mi piel y comienzan a hacer un análisis de eso, y me dirán que sí, que lo han encontrado. Está en mi sangre. No niego que lo haya encontrado en mi sangre, pero ¿por qué está en mi sangre? Está en mi sangre, o en mi cuerpo, o en mi mundo, porque en algún momento, yo, ejerciendo el derecho como hijo libre de Dios, señalé algún estado desagradable en relación con otro. No es necesario que sea hacia mí mismo; podría ser hacia otro, cuando me regocijé en el dolor de otro; donde mi respuesta emocional a las noticias que escuché fue "qué bueno". Así, lo puse en marcha, pero cuando sucedió en mi mundo, no pensé que fuera tan bueno. No obstante, era mi cosecha, y todas estas cosas son la cosecha de las cosas que tú y yo hemos sembrado; porque todas las cosas corren fieles a su forma.

No te sorprendas de lo repentino en nuestro mundo, alguien está enfermo, solo es repentino porque lo hemos olvidado, y la memoria es muy, muy corta. Conoces ese encantador poema de George Meredith:

Olvidadiza es la tierra verde.
Solo los Dioses recuerdan eternamente;
ellos golpean sin remordimientos,
y siempre lo igual por lo igual.
Por sus grandes memorias son conocidos los
Dioses.

Si el individuo pudiera recordar estos momentos de siembra, nunca se sorprendería cuando apareciera la cosecha en su mundo. Pero como no recuerda el momento en que dejó caer esa semilla, que no es más que su respuesta emocional a algo que contempló, algo que oyó, algo que observó, en ese momento la cosa fue hecha. No tuvo que trabajar para cosecharla, simplemente la encontró como algo ya plenamente desarrollado, de modo que ahora cosecha aquello a lo que no dedicó ningún trabajo, más que su elección. Él lo seleccionó por su actitud, por su reacción. Ahora, ¿soy responsable de los demás en mi mundo? Ciertamente, lo soy. Cuando tomo mi pequeña mente, mi pequeña imaginación y pienso que porque es mía, ya que mi padre me la dio, simplemente puedo usarla mal, que no va a lastimar a otro. Te digo que tienes que usar más control por la simple razón de que yo estoy enraizado en ti y tú estás enraizado en todos, y todos nosotros estamos enraizados en Dios. En el Reino de mi Padre no hay un ser individual separado. Somos uno. Yo soy completamente responsable del uso o mal uso de mi imaginación.

¿Recuerdas haber visto en la televisión una versión dramatizada del hundimiento del Titanic? ¿Lo recuerdas? ¿Has leído el libro "Una noche para recordar"? Bueno, el libro es de Walter Lord, pero catorce años antes de la real cosecha, o ese espantoso evento del hundimiento del Titanic, un hombre en Inglaterra escribió un libro. Él concibió este fabuloso transatlántico y lo construyó igual que el Titanic (solo que el Titanic se construyó catorce años después), pero él, en su imaginación, concibió el transatlántico de ochocientos pies. Tenía triple hélice; contaba con capacidad para tres mil pasajeros, tenía pocos botes salvavidas, porque era insumergible, podía alcanzar veinticuatro nudos. Una noche lo llenó hasta el tope con gente rica y acomodada, y en una fría noche de invierno, lo hundió en un iceberg en el Atlántico. Catorce años después, White Star Line, construye un barco. Tiene ochocientos pies, es de triple hélice, puede alcanzar veinticuatro nudos, puede transportar tres mil pasajeros, no tiene suficientes botes salvavidas para los pasajeros y también se le califica de insumergible. Es llenado hasta el tope con los ricos, no acomodados, sino con los ricos, porque su lista de pasajeros en aquella época, cuando el dólar valía cien centavos, se valoraba en doscientos cincuenta millones de dólares. Hoy sería de mil millones de dólares. Toda la riqueza de Europa y de este país navegaba en ese viaje inaugural de Southampton. Cinco noches en el mar en este maravilloso y glorioso barco y se hundió en una fría noche de abril en un iceberg.

Ahora, ese hombre escribió un libro para desahogarse porque no le gustaban los ricos y acomodados, o pensó que se vendería, o pensó que así ganaría dinero como escritor. Cualquiera que fuera el motivo de su libro, que, por cierto, tituló "Futilidad" para mostrar la absoluta inutilidad de la riqueza acumulada, el mismo barco se construyó catorce años más tarde, obtuvo la misma lista de pasajeros y se hundió de la misma manera que el barco ficticio.

¿Hay alguna ficción? ¡No hay ficción! El mundo de mañana es la ficción de hoy. El mundo de hoy era la ficción de antaño, los sueños de las personas de antaño. ¿No sería maravilloso poder hablar con alguien a través del espacio y simplemente utilizar un cable? Y yo no pudiera verlo: podría estar a un kilómetro de distancia, más allá del alcance de mi voz, luego, tal vez a cinco kilómetros y tal vez a mil kilómetros —sueños fantásticos— y luego se hicieron realidad. Cuando se hicieron realidad, dijeron: "supongamos que pudiera hacerlo sin necesidad de un cable". Y se hizo realidad. Luego, "supongamos que ahora pudiera hacerlo, no solo en un sentido de audio, sino también en un sentido de video". "Supongamos que pudiera ser visto". Y eso se hizo realidad. Pero cuando fueron concebidos, era todo ficticio, todo irreal.

No hay nada irreal, porque Dios es infinito y Dios ha terminado la creación. Tú no puedes concebir algo que tu Padre no solo haya hecho y concebido, sino que está elaborado en detalle, en todas sus ramificaciones. Tú y yo solo nos estamos haciendo conscientes de porciones cada vez mayores de lo que ya es. No estamos creando nada, estamos descubriendo el maravilloso mundo de Dios.

Ahora bien, en esta iglesia —al menos aquí debería hacerse, porque esta es una iglesia de la mente: esta es la Ciencia de la Mente— donde hay una ciencia para sembrar y lo haces de cierta manera científica. Tú no caminas por la calle, simplemente reflejando, leyendo los periódicos y reflejando, no, tú sales siendo una persona más positiva que las personas que se reúnen en áreas similares, por la sencilla razón de que van solo a escuchar un servicio y a que les digan lo malo que es el mundo. Pero aquí, no vienes para que te digan lo malo que es el mundo, porque si crees que es malo, hay algo que debes hacer al respecto, porque tú has sembrado el mundo. Tú tienes tu tiempo de siembra. Entonces, aquí, las personas se reúnen para que se les diga cómo operar este maravilloso regalo que el Padre les ha dado.

Existe esta maravillosa mente e imaginación. Así que se te dice que salgas y seas selectivo en tu elección; que selecciones ese aspecto de la realidad al que quieres responder, el éxito, la salud, la dignidad, la nobleza, algo maravilloso que contribuya al bien del mundo. A medida que caminas, estás contribuyendo a la sociedad, contribuyes a la comunidad en la que vives, no necesariamente dando dólares, sino contribuyendo con tu maravilloso tiempo de siembra. Si en tu comunidad ves la necesidad de, tal vez, una iglesia, ves la necesidad de una maravillosa escuela, no esperas hasta que la gente se reúna, en realidad, en el ojo de tu mente contemplas la alegría que es tuya debido a la maravillosa escuela aquí para los niños, una maravillosa iglesia aquí para elevar espiritualmente a las personas, y te preguntas cómo sería si fuera verdad, sientes la emoción de presenciarlo en tu interior. Eso es tiempo de siembra. Luego, de una manera que no conoces y que no necesitas trabajar para producir, encontrarás esa escuela y esa iglesia y estas cosas encantadoras en tu comunidad.

Así que siembra la semilla y deja que los demás, que piensan que ellos lo están creando, déjalos que piensen eso. Tú vas por este mundo sembrando el bien, es por eso que estás aquí. Nosotros nos reunimos aquí los domingos por la mañana para descubrir cada vez más sobre este maravilloso regalo que Dios nos ha dado, para que podamos seleccionar todas las cosas hermosas del mundo y hacerlas nacer en nuestro mundo.

Esta mañana, no te tomes solo a ti mismo — comienza contigo mismo— luego, dirígete a un amigo en el ojo de tu mente, y felicítalo por su buena fortuna, felicítalo por su expansión en su mundo, y siente realmente la emoción de tal contacto. Ese momento de respuesta, que fue una actitud cambiada con respecto a ese amigo, en ese momento, tú sembraste. Ahora, de una manera que tú no sabes y no necesitas saber, esa semilla pasará por su normal pasaje natural oculto y aparecerá como una realidad en tu mundo. Entonces conocerás el poder latente dentro de ti y dejarás de reflejar la vida y te convertirás en lo que yo llamo un verdadero creador, en el sentido que yo me refiero a creador, que estás creando al seleccionar cosas sabias y hermosas en este mundo, y dándoles expresión en este mundo nuestro.

Entonces, eso es lo que quiero decir con tiempo de siembra y cosecha; la importancia de la actitud correcta. Tú puedes hacerlo, no necesitas esperar a que cambien las circunstancias, no necesitas esperar al estímulo de un cambio en el objeto para producir en ti mismo el cambio de actitud. Por ejemplo: en tu oficina, ¿tu jefe se comporta de forma descortés contigo? Entonces, piensa: ¿Cómo sería si ahora viera en mí a la dama, a la persona servicial que realmente soy o quiero ser? Supongamos que él viera en mí a alguien a quien pudiera elogiar por mi trabajo y elevarme en el mundo salarial, darme un aumento de sueldo por mi esfuerzo añadido; supongamos que él pudiera ver eso en mí.

Contempla al jefe viendo eso en ti, como si él lo viera, y recompensándote con un aumento. Ese momento es el momento de siembra. Puede que no llegue esta noche, puede que ni siquiera llegue esta semana en el sueldo, pero llegará. Tú simplemente sigue sembrando las cosas hermosas. No obstante, no habrá cambio si todos los días, cuando sales de la oficina, dices: "¡Qué tacaño!"; y vas a casa y lo comentas con tu madre, o con tu marido, o con otra persona, y ellos simpatizan contigo porque realmente te creen, ellos están representando el mismo enfoque reflectante y negativo de la vida. Pero si en tu regreso a casa, en el autobús o caminando, lo haces con la actitud de que él ha aumentado tus ingresos, ha elogiado tu trabajo, y día tras día, a pesar de otras cosas opuestas, persistes en ello, sabes que él lo hará. Producirás en él un cambio de corazón porque primero lo produjiste en ti, y él verá en ti cualidades que ahora no puede ver, y entonces todo tu vasto mundo comienza a florecer, lo hace en todos los sentidos de la palabra.

Conoces a alguien que se siente solo, alguien que realmente debería estar felizmente casado en este mundo. ¿Cómo sería si te contaran, no necesariamente la persona, sino un tercero, la buena noticia sobre Juan, sobre María o sobre cualquier otra persona? Alguien deseoso de un hogar encantador y hermoso. ¿Cómo sería? No sientas envidia. Intenta alegrarte. Siente la alegría que les pertenece, y ese momento es tiempo de siembra para ellos. Ellos la cosecharán, y esa es nuestra oportunidad de ir por el mundo sembrando y sembrando sabiamente.

Desafortunadamente, muchos de nosotros, en los movimientos de la iglesia —no creo que lo

encuentres en esta iglesia de Ciencia de la Mente—
pero en los movimientos religiosos, muchos de
nosotros tenemos una actitud muy seria hacia la vida.
Por supuesto, la actitud básica es la actitud hacia la
vida, no necesariamente la actitud individual hacia un
objeto o hacia un individuo, sino la actitud misma
que el individuo adopta a través de la vida, hacia la
vida, y es una muy seria.

Pues bien, Orage, muy sabiamente y con mucho
humor, dijo que la actitud seria es esta: realmente
creen que Dios tiene una enorme lucha contra las
indefensas probabilidades, y dijo que eso produce en
el individuo la emoción de "ayudar al pobre Padre".
Ellos van a ayudar al pobre Padre que ha creado el
mundo y se lo dio a sus hijos.

Luego sacó a relucir otro punto interesante de la
actitud científica hacia la vida. Habiendo descubierto
la pequeña molécula o el pequeño átomo y la
maravillosa construcción, es decir, teóricamente,
habiendo descubierto esta maravillosa construcción
ordenada de los ladrillos que componen el mundo, su
actitud es de ordenada insignificancia porque creen
que el mundo se está consumiendo poco a poco, así
que por, muy ordenado que esté, si realmente creen
que el sol eventualmente se apagará y la tierra
consumirá todos sus recursos, ¿qué otra actitud
podrían adoptar que la de estar todos arreglados sin
tener ningún lugar a dónde ir? Porque si
eventualmente todo va a ser nada, de todos modos,
no importa cuán ordenado es hoy, solo podría ser una

ordenada insignificancia. Pero, te digo, como alguien que ha visto más allá del velo, no hay tal cosa como llegar a su fin. La vida es por siempre y para siempre; y por siempre estás avanzando en este peregrinaje eterno, revelando las glorias infinitas de tu Padre. Así que hoy saldrás sabiamente, saldrás decidido a ser más selectivo, más prudente en tu elección de ideas, seleccionarás y mantendrás la idea que bendecirá a un individuo, y producirá en ti la respuesta emocional de que tú has presenciado ese estado en su mundo. Sabrás en ese momento de respuesta que sembraste para ese individuo, y está enraizado en ti, no hay tal cosa como que no se encontrará en tu mundo porque está enraizado en ti. Todo el mundo está enraizado en ti, por lo tanto, no los perderás. Siembras en relación con ese ser y él va a cosecharlo. Tú conocerás la cosecha cuando aparezca en su mundo. Tú simplemente siembras y dejas que la cosecha se encargue de sí misma.

Ahora,
Entremos en el silencio.

WISDOM
COLLECTION

Sabiduría de Ayer, para los Tiempos de Hoy

www.wisdomcollection.com

.

www.ingramcontent.com/pod-product-compliance
Lightning Source LLC
Chambersburg PA
CBHW030110070426

42448CB00036B/631